天阇饶夷城
僧伽施
拘夷那竭城
沙祇
毗舍离
巴连弗邑
瞻波
竺
鸡足山
多摩梨帝
东

师子国
王城 无畏山寺

丝路行走丛书

耶婆提
耶婆提国

法显西行

法显看见的世界

陈大为 著

SPM
南方出版传媒
广东人民出版社
·广州·

图书在版编目（CIP）数据

　　法显西行：法显看见的世界 / 陈大为著. —广州 ：
广东人民出版社，2020.5（2021.8重印）
　　（丝路行走丛书）
　　ISBN 978-7-218-14152-7

　　Ⅰ.①法…　Ⅱ.①陈…　Ⅲ.①丝绸之路—研究②法显
—生平事迹　Ⅳ.①K928.6②B949.92

　　中国版本图书馆CIP数据核字(2020)第004948号

FAXIAN XIXING：FAXIAN KANJIAN DE SHIJIE

法显西行：法显看见的世界

陈大为　著

出 版 人：肖风华

策划编辑：柏　峰
责任编辑：陈其伟　赵　璐
装帧设计：彭　力
责任技编：周星奎

出版发行：广东人民出版社
地　　址：广州市海珠区新港西路204号2号楼（邮政编码：510300）
电　　话：（020）85716809（总编室）
传　　真：（020）85716872
网　　址：http://www.gdpph.com
印　　刷：广州市浩诚印刷有限公司
排　　版：广州市友间文化传播有限公司
开　　本：787mm×1092mm 1/16
印　　张：15.5　字　　数：220千
版　　次：2020年5月第1版
印　　次：2021年8月第2次印刷
定　　价：66.00元

如发现印装质量问题，影响阅读，请与出版社（020-85716849）联系调换。
售书热线：（020）85716826

图 例

- ▣ 经行地点
- —— 经行路线
- —— 河流

牢山
京口
建康
晋
东
彭城
后秦
长安
金城
养楼山
西平
敦煌
张掖
鄯善
禹夷
于阗
子合
竭叉
陀历
那竭
摩头罗
罗夷
跋那
健陀卫
毗荼
竺刹尸罗
乌苌
僧伽施
拘夷那竭
那迦邑
毗舍离
瞻波
多摩梨帝
沙祇
巴连弗邑
鸡足山
天竺境夷城
竺
王城 无畏山寺
师子国
耶婆提
耶
婆
提
国

陇陀罗地区

那竭
陀历
宿呵多
乌苌
健陀卫
竺刹尸罗
弗楼沙
罗夷
跋那
毗荼

恒河地区

僧伽施
蜀祇夷城
拘睒弥
舍卫城
迦维罗卫城
拘夷那竭
那迦邑
迦尸
鹿野苑
沙祇
毗舍离
巴连弗邑
王舍新城
瞻波
伽耶

法显西行线路图（王玉平 绘）

山西襄垣法显纪念馆法显像

菩提伽耶大菩提寺

无界山寺佛塔

序

　　丝绸之路的探险发现，扩大了中国不同民族间的相互交流，也增进了东西方经济文化往来。从古代亚历山大东征、张骞出使西域，到近代的地理大发现，都为人类扩大活动空间、提高认知水平奠定了基础。

　　法显，东晋高僧。时佛教传入中国已有数百年，但由于最初传入的经籍篇章不甚完整，或者翻译失真，自三国曹魏以来即产生了"西行求法运动"。矢志寻求完整经书的法显毅然决定西行求法，他从长安出发，沿途经过乾归（今西宁）、金城（今兰州），出河西走廊的张掖、敦煌，到达鄯善国（今若羌）、焉夷国（今焉耆），继而穿越塔克拉玛干沙漠至于阗国（今和田），越葱岭，最终进入天竺。从出发至归来，前后14年之久。法显以65岁的高龄翻山越岭求取真经，成为了文献记载中我国第一个到达古印度并带回佛教经典之人。他从天竺带回的佛教经籍契合当时佛教发展的需要，同时基于自己10多年的求法经历所撰写的《佛国记》，记录了当时西域、天竺多地的风土民情与宗教发展状况，弥补了天竺历史文献记载的不足，成为重塑印度历史的重要史料来源。

玄奘，唐朝著名僧人，生于洛阳偃师缑氏镇。唐朝建立后，玄奘在长安遇到了来自印度的高僧，深受启发，随着对佛学的深入学习，他意识到中原流传的佛教经典错讹较多，便决意西行印度求法。然而由于唐室初建，不允许普通士人出关，直到贞观元年（627），长安城遭遇霜灾，朝廷允许灾民四处就食，玄奘才得以混在外出逃难的民众里离开长安。玄奘经过河西走廊，偷渡玉门关，穿过莫贺延碛，进入伊吾（今哈密）。继而从伊吾前往高昌（今吐鲁番），结识了对他情深义重的高昌王麴文泰，后者对其提供了巨大的支持。玄奘离开高昌国继续西行，从别迭里山口翻越天山支脉凌山，沿热海道前往碎叶（今吉尔吉斯斯坦首都比什凯克以东的托克马克市附近），后穿过西突厥统治范

围下的中亚诸国，翻过兴都库什山，进入北印度。从此开始了在印度长达10余年的求学之旅。贞观十九年（645），玄奘回到长安。此时的唐朝佛法正兴，取经归来的玄奘受到了朝野的热烈欢迎，他从印度带回的657部手书梵语经文、佛陀塑像、画像及150枚佛陀真身舍利，在长安供世人观赏，当时在洛阳的唐太宗李世民也给予了玄奘高规格的礼遇。在弟子辩机的协助下，玄奘依据自身西行印度的求法经历，完成了10万余字的《大唐西域记》，使得世人能够一览7世纪中亚、印度的地理环境、风土人情和宗教信仰，也成为中印交往史上的佳话。

文成公主是唐朝入蕃和亲的公主。贞观十四年（640）松赞干布命大相禄东赞向唐朝求婚，唐太宗审时度势，将文成公主嫁与松赞干布。贞观十五年（641），唐太宗派江夏王李道宗护送文成公主入吐蕃。文成公主入蕃和亲揭开了唐蕃关系的新篇章，同时也使得联通汉藏两地的"唐蕃古道"出现了"金玉绮绣，问遣往来，道路相望，欢好不绝"的兴盛场景。据统计，自唐初吐蕃首次遣使入唐，至9世纪中叶吐蕃灭亡，在200多年的时间里，唐蕃双方使臣往来达200多次。行走在古道上的使臣、商人、僧侣促进了汉藏关系的友好发展，中原的典籍文化、养蚕缫丝、织造技艺、蔬菜作物等传入吐蕃，唐朝也通过"唐蕃古道"得到了印度的制糖法，汉藏间的"茶马互市"也改善着双方的生活。

以法显、玄奘以及文成公主等为代表的古代中国的考察、探险、和亲等活动，不仅扩大了人们的认知范围，也沟通了国家、地区、民族之间的政治、经济和文化交流。丝路行走丛书就是沿着中国古人的足迹所进行的探险考察活动的记录，立足人文地理，追溯历史沿革，涉及自然环境、气候变迁等诸多要素，旨在通过古人的视野观察千年的变化，研究历史遗存和探索久违的过往，这应该是这套丛书的价值所在。

丝绸之路是一条文化之路、友谊之路、贸易之路。从丝绸之路的视野组织一套考察丛书是非常有意义的一件事情。但是，在目前的学术评价体系下去做这些普及性读物是很多学者所不愿做的。因此，这样的普及读物在国家"一带一路"倡议下更为亟须，现实意义更为彰显。希望这套丝路行走丛书，成为读者认识古代丝绸之路交往史、了解国家政策的一个窗口，从而达到普及知识、提高认识的目标。从而让学术走向大众，让大众了解学术。让文化充满雅趣，让大众在雅趣熏陶下揭谜心醉。

是为序。

中国社会科学院中国历史研究院中国边疆研究所研究员　马大正

2019年11月25日

前言

　　20世纪30年代，鲁迅针对当时社会对抗日前途的悲观论调以及指责中国人失掉自信力的言论，创作出《中国人失掉自信力了吗》，强烈地发出中国人当自信自强的呐喊。文中描述道："我们从古以来，就有埋头苦干的人，有拼命硬干的人，有为民请命的人，有舍身求法的人……虽是等于为帝王将相作家谱的所谓'正史'，也往往掩不住他们的光耀，这就是中国的脊梁。"鲁迅笔下"中国的脊梁"，是那些历史上为祖国统一、发展、繁荣作出贡献的人。晋宋之际，僧人法显就属于"舍身求法"的人。

　　法显所处的东晋时代，是中国史上长期分裂的时期。当时佛教传入中国已有数百年，最初传入的经籍往往篇章不甚完整，或者翻译失真，继而在三国曹魏时期产生"西行求法运动"。法显踊跃加入，从出发至归来，前后14年之久。法显从天竺所带来的佛教经籍深合当时国内需要，主要有《大般泥洹经》《方等泥洹经》《摩诃僧祇众律》《杂阿毗昙心》《长阿含经》等。其中，《大般泥洹经》所宣扬的一切众生皆有佛性思想是佛教教义新发展的重要推动力，《摩诃僧祇律》使中国律学更加完整，规范了僧侣持戒。因而，法显游历天竺归来后对中国佛教的贡献是多方面且影响巨大的。

法显回国之后即着手翻译经籍，并将自己的西行求法经历与见闻撰写成《佛国记》，或名《法显传》《历游天竺记传》，记录当时西域、天竺多国的宗教发展状况、佛教圣迹、风土民情，如于阗国观行像、摩头罗国"人民殷乐"、舍卫城"人民希旷"、阿育王塔、鹿野苑等，弥补了天竺历史文献记载的不足。

同时，《佛国记》记载法显过小雪山逢同伴遇难、瞻仰耆阇崛山释迦圣迹、师子国无畏山见中国白绢扇、海上遇暴风雨等处，语言朴实，情感真挚，诚然是一部伟大的文学作品。

法显西行求法还搭建起一座中外沟通的桥梁。自西汉汉武帝时期张骞出使西域，中外交流日益密切，开启了中国同中亚各国友好交往的大门，逐渐开辟出一条横贯东西、连接欧亚的丝绸之路。"丝绸之路"一词是德国地理学家李希霍芬于1877年在《中国》一书中提出的，主要是指古代中国长安与中亚、印度之间的交通往来路线。法显西行求法的路线，从长安出发，沿途经过乾归（今西宁）、金城（今兰州），河

西走廊的张掖、敦煌，鄯善国（今若羌）、焉夷国（今焉耆），穿越塔克拉玛干沙漠至于阗国（今和田），西北越葱岭，进入天竺（今克什米尔、阿富汗、巴基斯坦、印度）。法显所走的中国境内的路线，正是古代的陆上丝绸之路。

法显归国选择海路。据章巽研究，《佛国记》中叙述的航海生活是我国第一部详细的航海行记，是我国古代海上交通最重要的一项纪录。法显的航行路线为：先由天竺东北的港口西南航行至今斯里兰卡，继而由斯里兰卡泛海至今苏门答腊岛东南，再换乘北上，本欲抵达广州，却因故航行至今山东半岛的崂山附近，航途艰险万分。

2013年，我国分别提出建设"新丝绸之路经济带"和"21世纪海上丝绸之路"的合作倡议。回顾历史，古丝绸之路绵亘万里，延续千年，积淀了以和平合作、开放包容、互学互鉴、互利共赢为核心的丝路精神。这是人类文明的宝贵遗产。以此，我们反观法显西行求法的往返路线及其贡献，他丰富了"丝绸之路"的内涵，无疑是那个时代中外文化交流杰出的开拓者与使者。

最后，法显西行求法，是具备宗教师与学者双重素质与内涵的伟大宗教家，是我国佛教史上爱国爱教的楷模。他的卓越在于以近耳顺之年的高龄翻山越岭求取真经，他的不平凡使其成为文献记载中我国第一个到达古印度带回佛教经典之人，第一个取回较多经藏并带回《阿含经》之人，第一个古印度归来、懂得梵文并参加译经之人。

让我们从法显西行开始，追随法显一同经历这艰辛、执着、神圣的取经之旅。

目录
C O N T E N T S

西行

缘起

大约两汉之交，佛教由天竺（古印度）经西域辗转传入中原地区，经过相当长时间的冲突、碰撞，才长久地融入中国的社会与文化中。魏晋南北朝时期南北政权纷立，兵戈抢攘，正是这一时期佛教逐渐被接受并在中国扎根。信念所驱，天竺与西域的僧人不断来到汉地传播佛法，中原的僧人也陆续前往天竺求法。当时北方诞生了一批弘济时艰、西行求法的高僧，僧人法显，是其中的杰出代表。

法显及其所处时代

法显生活的东晋，处于中国历史上政权并立、朝代更迭的分裂时期。其前，两汉一统王朝落幕，赤壁一战三分天下，西晋短暂统一30余年；其后，十六国风云变幻，南朝连番换代，北魏一统北境，又历北齐、北周，才又统一于隋唐。中原局势瞬息变化，西域形势也复杂不定。

南北政权纷立

魏晋南北朝时期，南北分裂，不同政权轮番上台博弈。北方先是经历了由匈奴、羯、鲜卑、氐、羌等少数民族建立的十六国时期。之后鲜卑族建立的北魏政权逐渐统一北方，到后期分裂为西魏、东魏，又被北周、北齐所代替。南方则经历了西晋宗室南渡建立的东晋与宋齐梁陈四朝，都城皆在建康（今南京）。南北政权，由于历史传统、民族融合、地理环境等因素的影响，分别走上不同的发展道路。南方王朝因为王室的式微与门第的衰落，走向没落。而北方随着汉族势力的逐渐抬头，儒家学统重新获得正统地位，长期分裂导致的漫漫长夜开始展现出黎明的曙光。

政局动荡与长期分裂是互为因果的，因为政权纷立，造成南北长期的不统一；不同政权的征战带来社会的动荡不安。政治上，统治阶级之间的相互征伐，造成生灵涂炭，如历史上有名的淝水之战就是这一时期南北政权对峙的反映，亦衍生出"闻鸡起舞""东山再起""草木皆兵"等脍炙人口的故事。战争同时导致流民问题与人口迁徙。原本被打破的贵族世袭制，随着东汉末年士族势力的兴盛，在此时期演变为"门阀士族"，形成变相的封建势力。[1]南北士族在政

---

[1] 参见钱穆：《国史大纲》，北京：商务印书馆，1994年，第296页。

治、学术、艺术等方面虽迥然不同，但对当时的历史进程皆起到关键作用。经济上，普通民众的农业生产极易遭到破坏，商品经济亦时常受到阻碍。虽然有的统治者不同程度地施行重视农业的政策，如占田制、均田制等，但阶级矛盾的尖锐使得此时期军士和农民的地位皆有所下降。江南地区进一步的开发，或可认为是这一时期为数不多的硕果之一。此外，魏晋南北朝时期是我国继春秋战国后，民族融合的第二个时期。各族人民相互影响，虽然汉族影响少数民族是主流，但少数民族也带来他们优秀的思想文化，给中国传统文化增添新色彩。不同于大一统王朝所呈现的强盛与繁荣，多民族的融合、割据政权的更替和中外思想的交流给这一时期的社会经济带来了新的特点，也为文化的发展提供了一个相对宽松的社会空间。

社会经济发展上所呈现的新特点主要有门阀世族的形成和寺院经济的兴盛。门阀世族由秦汉时期世家地主发展而来，东汉建立，社会较为安定，豪强士族的势力固定下来，并得到进一步发展。与西汉豪族相比，东汉豪强士族的身份性渐渐成长，他们累世居官而有文化，宗族关系也更为密切。高门大姓世代担任高官，有的世代传承儒学，有的则既是高官又是名儒，他们逐渐垄断了仕途与学问，取得了政治与文化领域的话语权，形成"累世公卿""累世经学"的局面。

魏晋以后，九品中正的选举制度使门阀世族的政治特权和优势制度化，世族的权势逐渐膨胀。政治与文化领域的支配权也带来了雄厚的经济实力，世族拥有大量的荫附人口和私产土地，并热衷于土地兼并。大量人口荫蔽于世族之下，不交租税也不服徭役，国家无法正常征收财赋。人民逃避租役的另一个去处则是寺院，寺院也拥有庞大的依附人口。当时的统治者大多乐于扶植佛教，王公贵族竞相布施，寺院私产丰厚，僧侣、依附民和寺奴群体能够免徭役和租税。较为雄厚的经济实力能够支撑起寺院基本的文化事业，比如经典的翻译抄写以及佛教思想的传播宏布。

东汉讲经画像砖

西域局势繁乱

两汉与西域地区建立的关系因南北政权的对峙发生变化。这里的"西域"，有狭义与广义之分，狭义的指历史上的新疆；广义的指古代玉门关、阳关以西的广大地区，即新疆、中亚和西亚的部分地区。西汉武帝时期，自张骞出使西域后，使者相望于道，形成一个通西域的热潮。西域都护府建立后，中央加强了对西域的管理。东汉经营西域历经"三绝三通"，最后退出西域。接下来的曹魏政权并未积极加强中原与西域的政治、经济联系，西域诸国保持着较大的独立性。[1]通过出土的文书可以推测西晋对西域的经营，如楼兰古城出土的汉文文书，"可基本复原出西晋西域长史官僚机构的组织情况"[2]；民丰县尼雅遗址出土的晋简，反映出西域长史的政令在鄯善施行的情况。

---

① 参见余太山主编：《西域通史》，郑州：中州古籍出版社，2003年，第79页。
② 孟凡人：《丝绸之路史话》，北京：社会科学文献出版社，2011年，第28页。

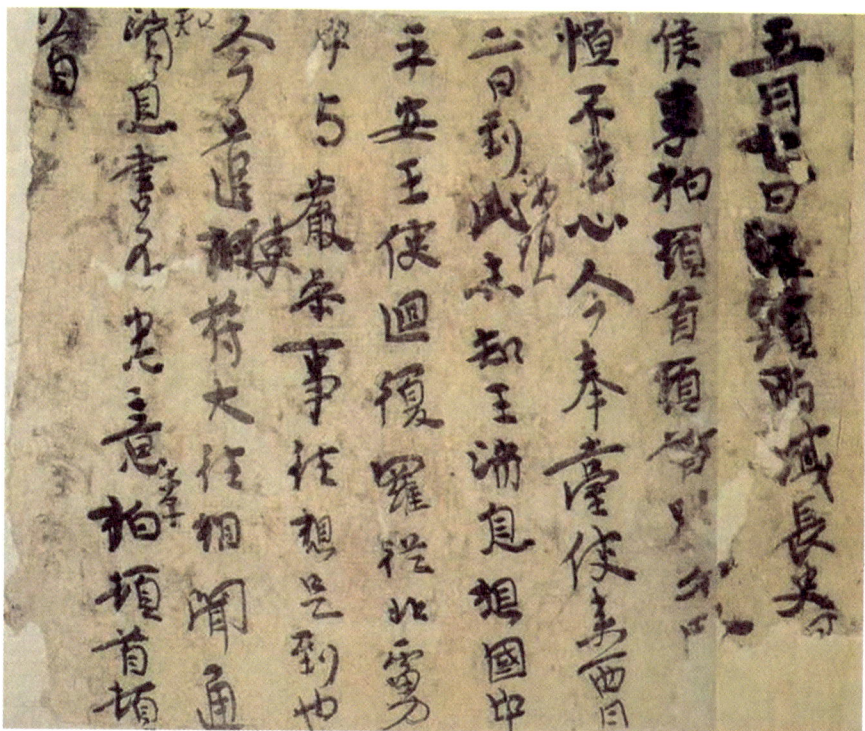

李柏文书。日本京都龙谷大学图书馆藏

　　法显所处的时代，西域形势更为复杂。西晋灭亡后，前凉张氏政权首次在西域地区设高昌郡，又通过伐焉耆，使前凉在西域获得很大威望。1909年日本大谷探险队成员橘瑞超在楼兰发掘出土的"李柏文书"，就是前凉西域长史李柏写给焉耆王的信函草稿，体现了中原与西域的政治关系。

　　之后，前秦苻氏政权灭前凉，苻坚派遣骁骑将军吕光征讨西域。吕光攻下焉耆、龟兹，远方诸国纷纷遣使臣服，这是魏晋以来中原政权首次在西域发挥如此重大的影响。不久，姚苌推翻前秦政权，建立后秦。《法显传》开篇所言西行之年"弘始元年岁在己亥"①，句中"弘始"

---

① 章巽著，芮传明编：《〈法显传〉校注 我国古代的海上交通》，上海：复旦大学出版社，2015年，第35页。

就是后秦姚兴的年号，即399年。吕光后于姑臧（今武威）建立后凉，并设立西域大都护，亲自镇守高昌，加强了对西域的控制。后凉后期，建康太守段业建立北凉政权，随即被沮渠蒙逊取代，而敦煌太守李暠则建立西凉政权。法显西行至此处，先后得到张掖王段业、敦煌太守李暠的资助。高昌前后易手于西凉、北凉，北凉吞并西凉后，在西域诸国的影响力大大增强。北魏灭北凉后，又与柔然展开对西域的角逐。

政权纷立、兼并战争、民族融合，这就是魏晋南北朝时期的历史特点。此外，还有佛教思想的发展，将在后文讲述。也许，400年的长期分裂过于繁乱，我们还是落脚到法显的生命历程吧。

少年法显

目前关于法显生平的记载，主要来源于南朝僧祐《出三藏记集》卷一五《法显法师传》与南朝僧慧皎《高僧传》卷三《释法显传》，两书个别地方记载的不一致，造成法显生卒年、出生地问题的争论。学者们根据《出三藏记集》的"春秋八十有二"与《高僧传》的"春秋八十有六"，以及其他相关记载认为法显卒年在418—423年之间，对应的生年在332—341年之间。法显的出生地很可能在今山西临汾。[①]这一时期的山西地区，不同民族交汇之地，属于板荡之地。

法显出生前的半个世纪，西晋的统治正陷入危机。统一昙花一现，"八王之乱"持续近16年，加上国内多个地区严重的自然灾害，人民流亡迁徙，流民起义频发，为少数民族政权的崛起提供了契机。匈奴人左部帅刘渊被拥护为大单于，起兵于左国城（今山西吕梁附近）。随着刘渊势力的壮大，其部下石勒、王弥、刘曜等5年之间攻陷洛阳、长安，分别俘虏晋怀帝、晋愍帝。建兴四年（316），西晋政权灭亡。刘渊汉化程度很深，欲问鼎中原，打着"尊汉"的旗帜，建国号为汉。永嘉五

---

① 参见章巽著，芮传明编：《〈法显传〉校注 我国古代的海上交通》，上海：复旦大学出版社，2015年，第13—14页。

年（311），刘渊死后，其子刘聪杀兄继位，继续实行民族分治政策。不久，刘渊部下刘曜、石勒分别建立前赵、后赵政权。两政权在中原地区多次会战，光初十一年（328），前赵兵败洛阳，石勒获得大胜，斩首5万余级，摧毁了前赵主力部队。第二年，关中失陷，前赵灭亡。建平元年（330），石勒称帝，后赵全盛时期的疆域，东到大海，西至河西，南过淮河，北抵燕代。

法显的少年时期，北方处于后赵石氏政权统治之下，统治者石勒、石虎崇信佛教，为北方佛教的发展提供土壤。法显俗姓龚，出身于山西平阳（今临汾）一个普通的农民家庭。在他之前，已有三位兄长幼年而亡，因此父母对其尤为呵护。父母担心他也同兄长一样夭折，于是在3岁时便把他舍度为沙弥，期盼佛陀保佑孩儿健康成长，

法显像[2]

但仍旧住在家中。法显自此结下佛缘。后因患重病将死，父母只好将法显送还寺院，两夜后即痊愈，之后便一直住在寺中。这次逢凶化吉大概是法显第一次懵懂地体会到佛法力量之无穷与佛祖之博爱，在内心深处亦埋下信仰的种子。10岁时，法显父亲离世，叔父劝其还俗照顾寡母，法显耐人寻味地回答道："本就不是因为父亲才出家，是为了远离尘世的烦恼才出家的啊。"[1]叔父也就不再勉强。不久后，法显又遭遇母丧，精心打理丧事后，又回归寺院。

年少的法显，短时间内遭遇父母双亡，不免让人感伤。是什么让

---

① （南朝梁）释僧祐撰，苏晋仁、萧炼子点校：《出三藏记集》卷一五，北京：中华书局，1995年，第573页。
② 沧桑主编：《仙堂山》（上），北京：北京燕山出版社，2005年，第197页。

薩嬰路十住斷結及出曜胎經於符姚二代為譯人之宗自世高支謙以後莫踰於念關中僧眾咸共嘉焉後卒於長安遠近白黑莫不歎惜

法顯法師傳第六

釋法顯本姓龔平陽武陽人也顯有二兄並齠齔而亡其父懼禍及之三歲便度為沙彌居家數年病篤欲死因送還寺信宿便差不復肯歸母欲見之不能得為立小屋於門外以擬去來十歲遭父憂叔父以其母寡獨不立逼使還俗顯曰本不以有父而出家也正欲遠塵離俗故入道耳叔父善其言乃止頃之母喪至性過人葬事既畢仍即還寺嘗與同學數十人於田中刈稻時有飢賊欲奪其穀諸沙彌悉奔走唯顯獨留語賊曰若須穀隨意所取但君等昔不布施故此生飢貧今復奪人恐來世彌甚貧道預為君憂故相語耳言訖即還賊棄穀而去眾僧數百人其

《法显法师传》书影①

法显继续坚强地面对生活？在孔孟儒家学说中，孝悌思想为重要一端，所谓"孝悌为仁之本"，同时讲究"慎终追远"，故儒家学说尤重家庭伦理，此外再讲仁爱，由此及彼。而佛教则主张出家，讲究普度众生，似相对看轻了对自己父母的敬爱。佛教作为外来宗教传入中国，亦渐渐与传统文化融合。犹如南齐张融病卒遗言，入殓时左手执《孝经》《老子》，右手执《小品法华经》，仿如后世所言"三教合一"②。观少年法显之行事，其心志之坚强与宏远，亦已初露。

数年的修行，佛教思想对法显的影响与日俱增，内心的虔诚褪去了最初的懵懂。法显曾与沙弥数十人于田中收割，忽然来了一帮饥贼抢夺粮食，沙弥们被这景象吓坏，纷纷离去。只有法显留在原处，对抢夺粮

---

① 《碛砂大藏经》整理委员会编：《碛砂大藏经》（影印宋元版）第九十四册，北京：线装书局，2005年，第569页。
② 参见钱穆：《中国文化史导论》，北京：九州出版社，2011年，第143-144页。

食的人说："你们如果想要田中的稻谷，就请随意拿去吧。只是诸位往昔不知布施僧众，现如今饥贫潦倒，又来抢夺别人的粮食，恐怕来世还要受这样的罪。我为你们感到忧虑，所以对你们说这些话。"①话毕，饥贼一众若有所思，放下谷物鞠躬后离去。此事在寺院传开，僧众莫不叹服。法显简短数语，往世、今世、来世的佛教因果、轮回思想尽含其中，足见其佛法之精进。

转眼间法显已20岁，到了受具足戒的时候。②这意味着法显正式成为比丘，将接受更为严格的佛学教育，这一刻，也许法显期待已久。法显的前半生，在寺院潜心修行，钻研佛法。但朝夕修行之地毕竟属于晋南弹丸之地，寺院的经藏已经不能满足法显的需要，他时常感叹经律的不足。显然，法显需要追求更高的佛学境界。外面的世界，早已物换星移。351年，后赵亡于冉魏政权，冉魏旋踵覆灭于前燕。中国北方形成前燕慕容氏与前秦苻氏政权对峙的局面。前秦定都长安，之后统一北方，统治者大力支持佛教传播，长安一时成为北方佛教中心。③身处深山的法显，仿佛听到远方的呼唤，毅然踏上入京巡礼之路。法显来到长安后，因为"志行明洁，仪轨整肃"④，受到众僧的尊敬，并在此结识了几位志向相投的同道，后来他们因为相同的信念一同西行。

① （南朝梁）释僧祐撰，苏晋仁、萧炼子点校：《出三藏记集》卷一五，北京：中华书局，1995年，第573页。

② 佛教规定，比丘、比丘尼有年龄限制，20岁以上才可加入僧团，仪式为受具足戒，比丘遵守二百五十戒，比丘尼更多。年少入僧团，则为沙弥、沙弥尼，受十诫。参见［日］平川彰著，庄昆木译：《印度佛教史》，北京：北京联合出版公司，2018年，第43-46页。

③ 参见赖永海主编：《中国佛教通史》第一卷，南京：江苏人民出版社，2010年，第401页。

④ （南朝梁）释僧祐撰，苏晋仁、萧炼子点校：《出三藏记集》卷一五，北京：中华书局，1995年，第573页。

西行求法的原动力

古印度吠陀时代晚期思想活跃，佛教产生，进入佛陀时代。佛教传入中土以来，初依附于黄老道术。中国北方政权更替，社会动荡不安，民众奉佛以求祥福，逢少数民族政权崇礼佛法，故此时佛教传播渐广。信众已多，然而戒律却未详备。法显在长安巡礼期间，遂立志前往佛国求取戒律。

佛陀时代

古印度与古巴比伦、古埃及、古中国并称为世界四大文明古国。谈起古印度，总让人联想起"佛教"与"释迦牟尼"，这也正是古印度对世界文明作出的重要贡献。人们关注印度佛教发展历程的时候，会面临缺乏完备、可靠文献记载的困境，如佛教创始人释迦牟尼的生年也众说纷纭。古印度记史传统的缺失，使得其自身的国史尚需依靠佛史的纪年来勘定，因而汉文文献中有关早期印度与佛教发展状况的记载便弥足珍贵。前1500年前后，来自西方的移民跨越兴都库什山，不断地涌入南亚次大陆，他们主要是说印欧语的雅利安人。此后，雅利安人与印度土著相互融合，共同创造印度早期文明。学者们把雅利安人迁入到前500年之间的历史时期称为"吠陀时代"。

吠陀的词义为智慧或知识，它的命名来源于雅利安人长期口耳相传的《吠陀》，这是一部为雅利安诸神创作的赞美诗、歌曲、祷文的汇编。随着奴隶制的发展，吠陀时代的宗教信仰由最初的自然崇拜，发展成为与种姓制度①相适应的婆罗门教。婆罗门教主张"轮回业报"，人

---

① 种姓制度：第一等级婆罗门，主管宗教祭祀，参与国家大事；第二等级刹帝利，包括武士和贵族，执掌军政大权，护卫王法；第三等级吠舍，包括农、工、商阶层；第四等级首陀罗，包括佣工和奴隶。

生的痛苦在于前世作孽，以此掩盖人民群众苦难的真实根源——阶级剥削和压迫。到前6世纪前后，在恒河流域诞生了一些城市国家，包括摩竭提国、拘萨罗国等"十六大国"。由于当时政治、经济关系的变化，第二种姓刹帝利已经不满婆罗门拥有特权，而第三种姓中的商人通过贸易积累了财富，对政治表现出强烈要求，这些因素促使婆罗门的势力削弱，社会上亦产生出代表不同阶级利益的六种哲学流派。[①]

这些哲学流派反映出当时印度思想界的活跃。其中，与后来创立佛教的释迦牟尼相关的有尼乾子、散惹夷、阿耆多、末伽梨。尼乾子，后来发展成耆那教，主张苦行主义，释迦牟尼在成道前即以苦行来锻炼意志。散惹夷主张对一切问题都不作决定说，该派的舍利弗与目犍连后来成为释迦牟尼的得意弟子。阿耆多认为人和世界由地、水、火、风合成，否认灵魂，具有唯物思想，佛典中译为顺世外道。末伽梨是命定论者，主张没有业报，一切修行都是无用的，佛教称之为"邪命外道"。[②]总之，传统的婆罗门教已经失去光辉，许多思想家想要重新摸索并发现真理。

富饶的物产使人倦怠，种姓制度深刻影响着社会民众。当各种思想发生碰撞，当国家的责任落在肩上，当开始寻求解脱的真理，一种新的宗教便呼之欲出了。

释迦牟尼出生在迦毗罗卫国，今喜马拉雅山南麓尼泊尔境内。关于释迦牟尼的生卒年，这里采取"点记说"，即前566–前486年。[③]据《善见律毗婆沙》记载，释迦牟尼涅槃之年，弟子优波离供养律藏，便在律藏上画一点以记年，弟子代代相传，画点年年如是。之后律藏传至僧伽

---

① 六种哲学流派，详见吕澂：《印度佛学源流略讲》，上海：上海人民出版社，2018年，第10–12页。

② 除此四种哲学流派外，其他两种流派：不兰迦叶，主张纵欲，否认善恶业报，是伦理的怀疑论者；波浮陀，否认人的行为能发生影响，人身是由七种原素构成，七种原素一离开，就是死亡。

③ 参见吕澂：《印度佛学源流略讲》，上海：上海人民出版社，2018年，第4–6页。

尼泊尔蓝毗尼专区

尼泊尔蓝毗尼园遗址

跋陀罗，僧伽跋陀罗与沙门于南齐永明六年（488）译出此经，第二年供养该经并画点，数得共有975点。如是，975-489=486上推，可算出佛陀涅槃之年为前486年。

传说仙人阿私陀为迦毗罗卫国刚出生的太子乔达摩·悉达多相面，预言这婴儿的前途只有两条路，在家继承王位成为统一世界的转轮圣王，或者出家成佛。当时迦毗罗卫国正遭拘萨罗国的威胁，父亲净饭王希望太子能继承王位守护国土。太子少年时过着自由、舒适的富足生活，但因苦恼于人生问题，29岁出家修行，35岁于摩竭提国伽耶城贝多树下成道，成为"佛陀"，即觉醒的人。之后，开始了长达45年的宣传教化，足迹踏遍很多地方，由《法显传》中记载的释迦牟尼圣迹便可得知。

释迦牟尼融合当时各种学说，从实际的人生现象出发，提出"中道"思想。原始佛教的基本教义包含四谛、五蕴、八正道、十二因缘、三法印等。随着信徒的增多，教团组织成立，称为"僧伽"，即僧团、僧众之意。前4世纪到2世纪，佛陀涅槃百年后，佛教教团出现了明显的分裂，佛教发展进入"部派佛学"时期。佛教史上"第二次集结"后教团分为上座部与大众部，称为"根本分裂"，上座部与大众部的内部又逐渐衍生出不同派别，造成"末枝分裂"。部派佛学末期，内部先后产生新的流派，即大乘佛教与小乘佛教。造成佛教学派分裂的原因是多方面的，比如原始佛教教义的不完善、教团对教义的理解不同、社会经济的发展变化等。需要强调的是，释迦牟尼创造的佛教在当时古印度众多哲学流派中能够脱颖而出，并且日后发展成为世界性宗教，说明佛教拥有超越民族的世界宗教因子，这种因子具备于佛陀的证悟之中，是超越部族、民族的，解决人类一般苦恼的因子，是佛陀"苦之灭"的教法。[1]

佛教产生后，古印度历史上有多位帝王崇奉佛法。摩揭陀国孔雀王朝时期，著名的阿育王对佛教发展影响巨大。他早年热衷征伐杀戮，统一了被西方马其顿帝国亚历山大侵略的印度西北地区，也向南方扩张。之后因感到战争残酷，皈依佛教并施行善政。阿育王留下的遗迹对研究印度文化极有价值。他在位期间，参拜佛陀遗迹，修建佛塔，铭刻法敕，竖立石柱。现今发现的鹿野苑法敕石柱是其中的代表，柱头上雕刻的4只背对背的狮子像，成为近代印度独立后的国徽图案。阿育王以摩揭陀国为中心，

阿育王石柱柱头石狮像。印度萨尔纳特考古博物馆藏

面向各地派遣教团宣传佛教，今天的缅甸、斯里兰卡的佛教渊源即追溯到此。

孔雀王朝之后，古印度再次陷入分裂状态。印度西北部先后被大夏

---

[1] 参见［日］平川彰著，庄昆木译：《印度佛教史》，北京：北京联合出版公司，2018年，第16页。

希腊人、塞种人、安息人、大月氏人统治，直至建立贵霜王朝。印度半岛则先后有巽伽、甘华、安度罗等小王朝，帝国的印记或许未曾磨灭，直到4世纪旃陀罗笈多一世建立笈多王朝。一般认为，笈多王朝时印度奴隶制瓦解，开始步入封建社会。

法显西行求法，翻越葱岭后，即踏上古印度笈多王朝的土地，当时的统治者是旃陀罗笈多二世，正是笈多王朝经济文化最发达的时期。法显适逢其盛。

戒律残缺

释迦牟尼创立佛教后，规范教团组织僧伽与僧徒个人修行的戒律随之产生。简单来说，戒律就是佛教徒应遵守的纪律，寺院生活的守则。理想的教团是"如大海不越于岸，弟子们也不破戒律"；"如大海不受死尸，必推其上岸，僧伽也是犯戒者必举罪"；"如大海藏种种财宝，僧伽具足微妙的教法与戒律"。[①]少年法显经历的"沙弥""比丘"身份的变化，都具备与之相应的戒律。《法显传》中提到的"夏坐"、阿育王"受八斋"[②]，亦属于僧众修行时应遵守的戒律。佛陀入灭后，佛教史上发生"第一集结"，又称"五百集结"。释迦牟尼的爱徒迦叶为使佛法流传，于王舍城集合500位佛弟子，合诵教法。传说经由阿难诵出，律由优波离诵出，逐渐发展成为后来"三藏"中的经藏和律藏。律藏即指有关教规、戒律的经典。

南北分裂期间，北方后赵石氏、前秦苻氏、后秦姚氏等政权的统治者皆崇信佛教，他们兴建寺塔、支持译经事业、尊崇高僧大德，给佛教发展传播提供了便利的环境。魏晋以后，玄学清谈的时代风气与佛教

---

① ［日］平川彰著，庄昆木译：《印度佛教史》，北京：北京联合出版公司，2018年，第42页。

② 八斋：又称八戒或八戒斋，为佛教徒的禁戒，据《俱舍论》记载八种非法为：杀生、不与取、非梵行、虚诳语、饮诸酒、涂饰香鬘歌舞观听、眠坐高广严丽床座、食非食时。

义理逐渐契合，佛教《般若经》和《维摩诘经》中的空想思想与老庄的无为思想非常类似，于是被知识分子所接受。[①]这一时期，出现大批名僧与名士，如竺法护、支道林、佛图澄、庾亮、殷浩等，佛教走上玄学化的道路，大批佛教经籍如《正法华经》《般若经》《发智论》等被翻译与整理。对于下层民众而言，佛教所宣扬的因果报应与往生极乐等教义，符合他们希望脱离战乱苦海、天下安定的心愿，加上寺院能够免除租税徭役，佛教徒与寺院依附民大大增多。然而佛教典籍的介绍与传播却没有和佛教徒的增长成正比。出家人数增多后，违反戒规的事情常有发生，戒律缺失的弊病逐渐显露出来。东晋末年，这样的情况尤甚，《弘明集》中说道："今观诸沙门，通非其才，群居猥杂，未见秀异。……或垦殖田圃，与农夫齐流；或商旅博易，与众人竞利；或矜持医道，轻作寒暑；或机巧异端，以济生业；或占相孤虚，妄论吉凶；或诡道假权，要射时意；或聚畜委积，颐养有余；或指掌空谈，坐食百姓。斯皆德不称服，行多违法。"[②]文中痛斥僧众不务本业，教门混乱。这种现象不仅引起社会不满，也激发佛教界有识之士的内省，西行求取戒律就更为必要。

佛教传入中国之初即缺乏完备的戒律，"汉代戒律未具，沙门威仪之不可得详"[③]。早期外国僧人翻译的大多是经本而非律本，因此很多出家人并不清楚戒律规范。东汉末笮融"每浴佛，多设酒饭，布席于路，经数十里，民人来观及就食且万人，费以巨亿计"[④]，笮融事佛以酒饭布施，足见当时戒规的杂乱。三国曹魏时，昙柯迦罗译有《僧祇戒心》，为大众部戒律《摩诃僧祇律》的核心部分，即戒律节本。[⑤]东晋

---

① 参见［日］镰田茂雄著，郑彭年译：《简明中国佛教史》，上海：上海译文出版社，1986年，第28页。
② （南朝梁）释僧祐撰：《弘明集》卷六，上海：上海古籍出版社，1991年，第35-36页。
③ 汤用彤：《汉魏两晋南北朝佛教史》，北京：中华书局，2016年，第72页。
④ （西晋）陈寿撰：《三国志》卷四九，北京：中华书局，1959年，第1185页。
⑤ 参见赖永海主编：《中国佛教通史》第一卷，南京：江苏人民出版社，2010年，第135-136页。

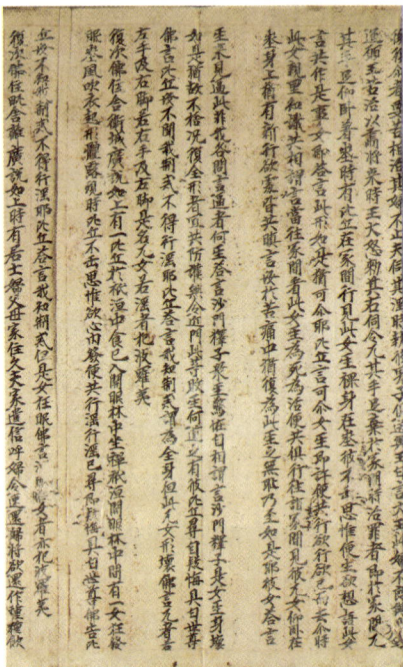

敦煌文书S.5766，《摩诃僧祇律》抄本

时期，道安在襄阳时已深感戒律传来之不全，所作《渐备经序》说道："云有五百戒，不知何以不至，此乃最急。四部不具，于大化有所阙。"[1]无奈只好自制威仪，立为"三例"：一曰行香定座上经上讲之法，二曰常日六时行道饮食唱时法，三曰布萨差使悔过法。道安的"三例"，"天下寺舍，遂则而从之"[2]。此外，道安亦努力寻求戒律，成为魏晋时期举足轻重的佛教领袖。

《高僧传》卷五《法遇传》记载一则关于戒律的故事：

> 后襄阳被寇，（法）遇乃避地东下，止江陵长沙寺。讲说众经，受业者四百余人。时一僧饮酒，废夕烧香，（法）遇止罚而不遣。安公（即道安）遥闻之，以竹筒盛一荆子，手自缄封，以寄（法）遇，（法）遇开封见杖，即曰："此由饮酒僧也。我训领不勤，远贻忧赐。"即命维那[3]鸣槌集众，以杖筒置香橙上，行香毕，（法）遇乃起，出众前向筒致敬。于是伏地，命维那行杖三下，内杖筒中，垂泪自责。时境内道俗莫不叹息，因之励业者

---

[1]（南朝梁）释僧祐撰，苏晋仁、萧炼子点校：《出三藏记集》卷九，北京：中华书局，1995年，第333页。"四部"指四众，在家与出家的男女信众，比丘、比丘尼、优婆塞、优婆夷。

[2]（南朝梁）释慧皎撰，汤用彤校注，汤一玄整理：《高僧传》卷五，北京：中华书局，1992年，第183页。

[3] 寺院设三纲：寺主、上座、都维那，都维那略称维那，旧称悦众，其主要职务是管理僧众与统筹寺院日常事务。

甚众。继而与慧远书曰："吾人微闇短，不能率众，和上虽隔在异域，犹远垂忧念，吾罪深矣。"①

　　法遇原为道安在襄阳时的门徒，后来独自领众时，有僧饮酒烧香违戒，法遇处置不当，远在长安的道安听闻后寄杖以示警，法遇随即聚众受罚自责。戒律对于僧众修行之重要性可见一斑。

　　当时中原的名僧大德对律典的东传表示极大的关切。精通《十诵律》的罽宾沙门弗若多罗携律本来到长安之前，长安佛教界并没有完整的律藏流通。《十诵律》于后秦弘始六年（404）开始翻译，前半由弗若多罗译出，译作未完却病笃离世，幸得西域人昙摩流支来到长安，在后秦姚兴与庐山慧远的诚心邀请下，完成了后半段的翻译，罗什则通贯前后文意。后来这部律典得以在中原广泛通行，则有赖于罗什在龟兹的律学老师卑摩罗叉。②由《十诵律》的译出传播经过，可知当时汉地僧人希望律典流通的强烈心愿，反射出中原律典缺失的严峻状况，以及西域僧人所作出的杰出贡献。值得注意的是，一开始传入中国的佛典并不是直接由印度来的梵文原典，而是传自大月

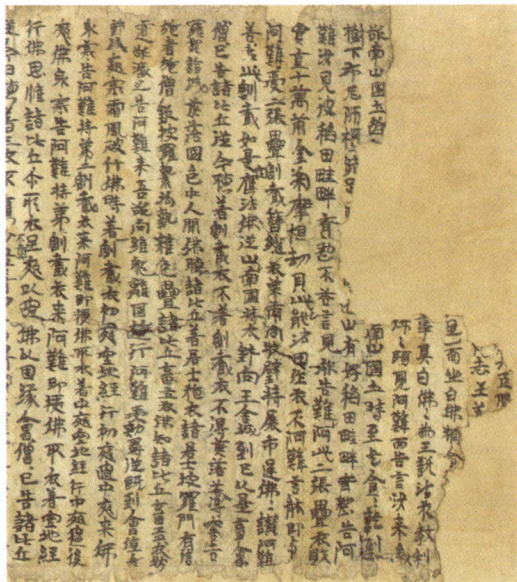

敦煌文书S.797，《十诵比丘戒本》残卷

---

① （南朝梁）释慧皎撰，汤用彤校注，汤一玄整理：《高僧传》卷五，北京：中华书局，1992年，第201页。

② 参见［日］镰田茂雄著，关世谦译：《中国佛教通史》卷二，高雄：佛光文化事业有限公司，1986年，第282—283页。

氏、安息、龟兹等国的其他外文佛典，来到中国的译经僧也多来自这些地方，这样译出的佛经由于本身经过多种语言的转化，存有讹误，无法达意，逐渐满足不了更深的理解与研究。后来，梵文原典逐渐传入，西行僧人也逐渐增多，大家更加尊奉梵文佛经，以前西域传入的外文经典就不大流行了。[①]这也是法显等人西行求法的动力之一。

建元十五年（379），前秦攻下襄阳，已经在襄阳传教15年之久的道安前往长安，受到符坚的热情接待。道安在长安继续翻译佛经，弘扬佛法，至385年离世。这时期，法显从山西相对偏僻的小寺院来到了当时的佛教中心长安。由于缺乏文献记载，有学者结合当时国内政治环境，认为法显来长安的时间可能在380—383年之间。[②]法显决意西行求律之时，正是道安定"三例"以后、罗什译出律典之前。法显在长安期间，正是高僧云集，佛经迭出的时候。浓厚的佛教氛围，是僧徒理想的修行场所。相信法显巡礼长安期间，孜孜不倦地研读佛经，必然使其境界获得提高。与之同时，戒律残缺问题亦逐渐困扰着法显。正如《法显传》开篇所言"法显昔在长安，慨律藏残缺"[③]。或许目睹过僧众因戒律异同而激烈争论；或许听闻过僧众的非法

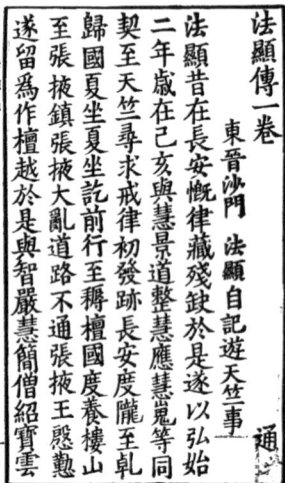

《法显传》书影

---

① 参见贺昌群：《古代西域交通与法显印度巡礼》，武汉：湖北人民出版社，1956年；后收入《贺昌群文集》第二卷，北京：商务印书馆，2003年，第235-237页。

② 参见赖永海主编：《中国佛教通史》第二卷，南京：江苏人民出版社，2010年，第201页。

③ 章巽著，芮传明编：《〈法显传〉校注 我国古代的海上交通》，上海：复旦大学出版社，2015年，第35页。

行为；或许戒律残缺严重影响佛法的修行……所有这些，让法显萌生出西行求法的念头，与其被动地等待戒律传来，不如毅然前去求法，只为求得佛祖完整的戒律，使其流传于中国，让信众更好地修行。

继往开来

尽管政权纷立、战乱频仍，中西交通却没有被阻隔。东来弘法的译经僧和西行的求法僧早在东汉末年就已经来往于西域的大漠之中。西行求法的目的，主要在四个方面：搜寻经典；从天竺高僧亲炙受学；欲睹圣迹，作忘身之誓；远诣异国，寻求名师来华。[1]唐代僧人义净在《大唐西域求法高僧传》中写道："观夫自古神州之地，轻生徇法之宾，显法师则创辟荒途，奘法师乃中开王路。"[2]义净将法显与玄奘并举，特别地指出两人舍身求法历程的艰辛与贡献。最早见于记载的西行求法的汉人是曹魏甘露五年（260）去往于阗的朱士行，他取得经书后遣弟子送回，自己以80岁高龄在他乡过世。除此，在法显之前，还有竺法护、康法朗、于法兰、慧常、支昙猛、支法领、慧叡等人。其中，竺法护游历西域诸国，习得36种外国语言，并将抄写的经本带回长安翻译，但真正到过天竺的只有支昙猛和慧叡两人。

东来的译经僧更是数不胜数。最早来到中原的外国僧人是安息的安世高和大月氏的支娄迦谶，他们在东汉末年来到洛阳，建立了翻经的译场，对中国佛教初期的发展作出了重要的贡献。这些往来的僧人们为法显的西行创造了有利的交通条件，也给予了有力的精神鼓舞。

法显的同行者，据《法显传》记载，从长安一起出发的有慧景、道整、慧应、慧嵬等。到达张掖后，又有智严、慧简、僧绍、宝云、僧景等加入。随后西行过程中，队伍时常发生分化：焉夷国受挫，慧嵬、智

---

① 参见汤用彤：《汉魏两晋南北朝佛教史》，北京：中华书局，2016年，第269页。

② （唐）义净著，王邦维校注：《大唐西域求法高僧传校注》，北京：中华书局，1988年，第1页。

严、慧简前往高昌，其余人南下至于阗国，之后僧绍独自前往罽宾国；宝云、僧景、慧达在北天竺与西天竺供养过后即返程，慧应逝世于弗楼沙国（今巴基斯坦白沙瓦一带）；慧景病逝于小雪山，最后到达中天竺与东天竺的仅剩法显和道整两人。当道整决定留在摩竭提国，法显便孤身一人携带经卷从海路回国，遭遇暴风雨漂泊多日，以致偏离目的地。如此，法显于师子国所表露的"去汉地积年，所与交接悉异域人，山川草木，举目无旧，又同行分披，或留或亡，顾影唯己，心常怀悲"①，我们当能体会一二了。更加难能可贵的是只身一人携带经卷从海路回国，遭遇暴风雨漂泊多日，九死一生。

法显此番西行，虽是当时西行求法运动洪流中的一员，但由于他是第一位到达天竺并带回经籍的僧人，有着特别重大的意义，继往开来的特征尤为明显。继他之后，西行求法之人历代有之，如智猛、昙无竭、竺法维、宋云、玄奘、义净等。魏晋时期的戒律，经过道安的搜求，虽有所得，"然律实至罗什之世始称完全"②。法显西行求法在399年，此时道安圆寂已十余年，而鸠摩罗什到长安仅仅两年，就戒律传播而言，法显亦是中国佛教史上承前启后之关键人物。

法显、道整、慧景等从长安出发踏上西行求法之路，不仅广袤的沙漠与绵延的雪山是他们未曾见过的，未知的艰险与挑战也已经在前方恭候。他们的精神意气使之足堪成为中国古代南北分裂时期的第一流人物。

---

① 章巽著，芮传明编：《〈法显传〉校注 我国古代的海上交通》，上海：复旦大学出版社，2015年，第124页。
② 汤用彤：《汉魏两晋南北朝佛教史》，北京：中华书局，2016年，第271页。

黄河
之西

河西走廊东起乌鞘岭，西至玉门关和阳关，南达祁连山，北至蒙古高原的腾格里沙漠和巴丹吉林沙漠，是中原通往西域的要道。穿越河西走廊的路线有两条：一是从兰州经行武威、张掖、酒泉到敦煌，二是从河湟谷地穿越祁连山到张掖，再到敦煌。法显所选择的就是从天水顺渭河上溯到河湟谷地，经扁都口到达河西走廊的张掖。

地势险峻的陇西

　　法显生活的东晋十六国时期，中国北方兴起了一股"崇佛礼教"之风，前秦的国都长安则成为全国崇佛的中心地区。这里聚集了数万僧侣，单单一个五重寺就有数千僧人。此时的长安不仅有中国内地的僧人，还有来自西域，甚至有远自天竺的胡僧，气象万千。但是在学习佛法的过程中，法显逐渐感觉到中原佛教律法的缺失，于是他决定前往天竺寻找完整的戒律。

从长安到陇西

　　399年，法显一行6人离开长安，踏上了前往天竺求法的道路。他们出长安沿渭水西行，一路经过关中的始平郡（今陕西省兴平县东南）、

远眺大震关

扶风郡（今陕西省泾阳县西北）、五丈原、陈仓县（今陕西省宝鸡市东），抵达陇山东麓的大震关。

"大震关"渊源

大震关因汉武帝在此地遭受雷震而得名。《元和郡县图志》记载："大震关，在（陇）州西六十一里。后周置，汉武至此遇雷震，因名。"[1]大震关号称"关中西塞"，极其险要。关西坡面陡峭，四周山峦屏蔽，唯有群峰间一条小道可以直达关隘，具有"一夫当关，万夫莫开"之势。在唐代，因其地理位置的重要性，大震关被列为关中六"上关"之一。[2]"凡戎使往来者必出此"[3]，由此可见它是各民族遣使往来、出入长安的必经之地。因此，唐廷格外重视大震关的经营，曾在此设立驿馆。

关于大震关的具体位置，目前学界尚无定论，大致有以下几种说法：陕西陇县西北固关说、清水县东陇山东坡说、陇山主脉东侧说，通关河西陇山西支脉东坡说、陇县与张川县交界处鬼门关说等。[4]其中，以陕西陇县西北固关说较为可信。《元和郡县图志》记载："陇山，在县西六十二里。……大震关，在（陇）州西六十一里。"1唐里约为现在的540米，61唐里约合32千米。从路程上看，陇县西北固关的"上关厂"和"下关厂"一带距离陇县约30千米，这正与大震关离陇州汧源县的距离相当。而"上关厂"和"下关厂"这两个地名也恰恰证明了两地之间曾有关隘存在。另外，考古队曾在"上关厂"一带发现墩台遗迹，

---

① （唐）李吉甫撰，贺次君点校：《元和郡县图志》卷二，北京：中华书局，1983年，第45页。
② 《唐六典·尚书刑部》"司门郎中"条记载："京城四面关有驿道者为上关，上关六：京兆府蓝田关，华州潼关，同州蒲津关，岐州散关，陇州大震关，原州陇山关。"参见（唐）李林甫等撰，陈仲夫点校：《唐六典》，北京：中华书局，1992年，第195页。
③ （清）董诰等编：《全唐文》卷七三六，北京：中华书局，1983年，第7603页。
④ 参见杨军辉：《关于唐大震关的几个问题》，《甘肃农业》2006年第6期。

大震关关口俯瞰

这更加佐证了"上关厂"可能就是唐代大震关的所在地。[1]

大震关历来为兵家必争之地，自汉代以来多有战争发生。东汉与赤眉军、曹魏与蜀汉、唐朝与安史叛军曾在此鏖战。汉唐时期前往西域或藏地和亲的公主和往来使者、僧侣，也经过大震关，如西汉江都王刘建的女儿刘细君与乌孙王成婚、唐文成公主远嫁吐蕃赞普松赞干布以及玄奘前往天竺取经。4世纪前后的大震关正处于后秦的控制之下。法显等人经过大震关后向陇山前进。

穿越陇山

法显一行人经过大震关后，要穿越陇山，才能走出关中盆地，到达天水和湟水谷地。陇山，又称作"陇坻""陇坂""陇首"，"在汧源县西六十二里"[2]，是唐代关内道与陇右道的界山。据《读史方舆纪要》，陇山在凤翔府陇州西北60里，巩昌府秦州清水县东50里，山高且长，北连沙漠，南通汧水与渭水。[3]作为关中西面的防御之地，陇山中

---

① 参见苏海洋、雍际春、晏波、尤晓妮：《唐蕃古道大震关至鄯城段走向新考》，《青海民族大学学报》2011年第3期。

② （唐）李吉甫撰，贺次君点校：《元和郡县图志》卷二，中华书局，1983年，第45页。

③ 参见（清）顾祖禹撰，贺次君、施和金点校：《读史方舆纪要》卷五二，中华书局，2005年，第2464-2465页。

陇山形势

有道路通向秦州，古代称作"陇坻大坂道"，俗称"陇山道"。

陇山属于关中平原西部门户，地势险要，历来为兵家必争之地，也是东西商旅、僧侣、使者必经之地。

渡黄河至金城

越过陇山后，法显一行人向西经过略阳郡（今甘肃秦安），到达秦州（今甘肃天水）。此地为后秦与乾归国（西秦）的交界处，向西就进入了乾归国。

何谓"金城"

农历四月的西北汛期未至，黄河渡口水流平缓。法显等人乘舟渡过黄河，到达对岸的黑石峡，由此往西沿黄河北岸前行。五月，法显一行人抵达乾归国的都城金城郡（今甘肃兰州西）。

"金城"得名，其一据说西汉政府拓地至此，筑城时挖到金子，乃将城取名为金城；也有人说金城取的是"固若金汤"之意，由于此地四周群山环抱，形势险峻，又东接关中平原，西连河西走廊，地理位置重要，是"固若金汤"之城。

"夏坐"由来

法显到达乾归国时正好是农历五月，众僧便在金城开始为期三个月的"夏坐"[①]。"夏坐"，也叫"夏安居""雨安居""坐夏""坐腊"等。之所以要进行夏坐，是由于佛教发源地印度属热带气候，夏季闷热潮湿，佛陀为了防止僧徒在这样的气候下分心，便订立五月十六日至八月十五日或六月十六日至九月十五日为安居之期。这段时间内，僧人禁止外出，聚在一起潜心修行，讲授修行法门及宇宙人生真理。加之雨季期间草木、虫蚁繁殖最多，外出容易蹂躏庄稼、伤害生灵，因此有了"夏坐"三个月的习俗。夏坐的地点并不固定，小屋、树下、山窟、聚落，处处皆可进行。

魏晋时，僧侣们希望效仿佛陀参禅悟佛，寻求内心的宁静，因而这一源自古印度的佛教仪式在中原甚为流行。中国的安居制度虽然传承自古印度，但并非全套照搬，而是根据中原的实际情况进行了变通。中国僧徒安居时间一般为四月十六日至七月十五日。唐宋以后，安居制度成为禅宗寺院的重要清规之一。元代以来，安居仪式在安居开始的前一天举行，届时由高僧大德讲解各项礼仪，以便于僧众在安居期间专心修行。这一古老的传统延续到了近代，近代的安居仪式大多定在四月十五日当天举行，先行"受筹法"的程序，洒扫敷座，晨斋预白，然后鸣钟集僧，入堂恭摄，受筹羯磨，行筹白数。"受筹法"圆满后的第二天，

[①] 章巽著，芮传明编：《〈法显传〉校注 我国古代的海上交通》，上海：复旦大学出版社，2015年，第35页。

安居正式开始。90天内集中在寺内致力于坐禅修学，不许外出。安居结束前最后一晚的活动是"自恣"，即大家齐聚一堂，检讨自己在三个月期间有无违反戒律言行，有的话要当众忏悔。

从西平到张掖

结束三个月的夏安居活动，法显一行人继续前行。仲秋之月，秋高气爽。众人沿湟水河一路向西北行走，不久便离开乾归国，进入耨檀国（南凉国），经过湟水沿岸的乐都郡（今青海省乐都县）、晋兴郡（今青海省民和县川口镇史纳一带），抵达耨檀国国都西平郡（今青海省西宁市）。耨檀国国都历经变迁，原先位于乐都郡，秃发利鹿孤继任王位后，考虑到乐都郡过于靠近西秦，遂将都城迁至西平郡。

土楼山与北禅寺

法显一行人在西平郡稍作休息后，转而北上经养楼山到达河西的张掖。养楼山，一说即养女山，在今青海西宁市以北，大通河南一带，一说是养女山和土楼山的合称，即今祁连山支脉达坂山。土楼山就在今天的西宁北山。北魏著名旅行家郦道元旅行至此，登临土楼山，《水经注》云："湟水又东经土楼南，楼北倚山原，峰高三百尺，有若削成。"[1]

土楼山见证了佛教在河西的流传。早在法显到来之前200年的三国魏明帝时期，佛教已流行于鄯州（今西宁）。信徒们在土楼山断岩之间开龛造像、藻井绘画、修筑栈道、登山礼佛，此为河湟地区佛教传播之嚆矢。法显行至此地的时候，由于佛教的广泛传播，耨檀国聚集了不少的僧侣，境内建有一些寺院佛殿。时至今日，西宁城北的湟水河畔尚存有一座北禅寺，见证了北魏时期佛教发展的情况。该寺始建于北魏明帝

---

[1] （北魏）郦道元著，陈桥驿校证：《水经注校证》卷二，北京：中华书局，2007年，第49页。

土楼山与北禅寺

时期，坐落于土楼山特殊的丹霞地貌之中，上承危岩，下临深渊，殿宇高悬，巧夺天工，有"中国第二大悬空寺"之美誉。

离开土楼山，法显继续向西北行，不久便到达达坂山。达坂山地处青海省大通与门源两县的交界处，山势险峻，道路崎岖，自古以来就是丝绸之路南线河湟西宁郡通往河西张掖镇的必经之地。西汉以来，沧海桑田，几度兴废。

湟水谷地

法显一行人翻越高耸入云的达坂山，进入湟水谷地。湟水谷地东侧便是陇右地区著名的乌鞘岭，据说"乌鞘"为突厥语"和尚"的意思，后来的藏语名即据此而来。乌鞘岭是中原通往河西走廊的门户，军事地位尤为重要。乌鞘岭海拔高，气温低。史书记载其"虽盛夏，风起飞雪弥漫，寒气砭骨"[1]。这样的高寒气候，让途经这里的众多文人印象深

---

① （清）顾炎武撰：《肇域志》第三册，上海：上海古籍出版社，2004年，第1534页。

湟水谷地

刻。清嘉庆十年（1805）盛夏，祁韵士途经乌鞘岭时说道："度乌梢岭，峻甚，地气极寒。"[①]道光二十二年（1842）八月十二日，林则徐也来到乌鞘岭，他在《荷戈纪程》中记载："又五里乌梢岭，岭不甚峻，惟其地气甚寒。西面山外之山，即雪山也。是日，度岭虽穿皮衣，却不甚（胜）寒，下岭，即仍脱皮衣矣。"[②]千年之后的乌鞘岭尚且如此险峻，对于法显一行，更是巨大的挑战。

　　湟水谷地位于祁连山以南，乌鞘岭以西，达坂山以北，托来南山以东。与乌鞘岭的高寒不同，湟水谷地气温相对温和。谷地中间便是浩亹河（即今大通河），河两岸土壤肥沃，气候宜人，宜于农耕。河谷大都处于海拔2700—3300米的森林与草甸草原带，白桦林、红桦林、冷杉林、圆柏林郁郁葱葱，使得此地有"塞外江南"之美誉。法显等人行走在这一片水草丰美的湟水谷地，感受着暖风拂面，耳听着鸟吟虫鸣，仿佛置身于江南水乡之间，脚步也变得轻盈。过去数月的疲惫似乎也暂时忘却了，众僧人顿感精神焕发，随即放开步伐，向西方未知的世界前进。

① （清）祁韵士：《万里行程记》，载方希孟等：《西征续录》，北京：中国国际广播出版社，2016年，第10页。
② （清）林则徐：《荷戈纪程》，载方希孟等：《西征续录》，北京：中国国际广播出版社，2016年，第38页。

祁连山与大斗拔谷

法显一行人继续向西北行进，踏入了广袤的祁连山山脉。"祁连"系匈奴语中"天"的意思，因此祁连山又称"天山"。因其位于河西走廊之南，史书中也称其为"南山"。

祁连山高处海拔4000—6000米，降雨充足，植被茂盛，高山峡谷纵横其间。它与北部的合黎山，夹在河西走廊南北两端，将北边茫茫的巴丹吉林和腾格里沙漠隔绝在外。因此，祁连山不仅是河西走廊的军事屏障，同样也是河西地区的生态屏障。

祁连山脉中有大斗拔谷，现在称为"扁都口"。扁都口是藏语"扁麻多"的音变，系灌木植物金露梅之意。大斗拔谷海拔3000多米，山势嵯峨，地势险峻。其所在的这条山峡通道长约35千米，拦腰切断祁连山，贯通河西与河湟，因此成为南北向的重要通道，也是丝绸之路南路的重要通道之一，形成沟通河南国、柔然、突厥以及北周政权的交通线。丝绸之路南路亦由此从青海过河西，入西域。今天的兰新高速铁路就是从这里沟通张掖和西宁，成为世界上第一条通过高海拔地区的高速铁路。

扁都口

　　汉唐以降，大斗拔谷一直是西羌、匈奴、突厥、回纥、吐谷浑、吐蕃等民族相互联系、出入甘青的重要通道和战略要地。汉武帝元狩二年（前121）的河西之战，骠骑将军霍去病就是经大斗拔谷进入河西走廊，千里奔袭，大败浑邪王、休屠王，成功夺取河西；隋大业五年（609），炀帝西巡从张掖返回"经大斗拔谷，士卒死者十二三焉，马驴十八九"[1]。传说隋炀帝的姐姐乐平公主杨丽华随行，突遇奇寒，身染重疾，病死峡谷中，葬于此地，成为今天扁都口中的一景——"娘娘坟"。

　　大斗拔谷以东是一片一望无垠的草原。汉代曾经在这里设置军马场，如今称为"焉支山—山丹军马场"。冷兵器时代，马是历朝的主要运输工具。山丹军马场由于自然条件非常优越，故而成为西汉以来的"皇家马场"。

　　法显一行人穿越祁连山险峻的大斗拔谷，脚下是崎岖的道路，心中却存有对西方佛国世界无尽的向往。

---

① （唐）魏徵等撰：《隋书》卷二四，北京：中华书局，1973年，第687页。

焉支山—山丹军马场

时局动荡的张掖

法显一行人穿过大斗拔谷，便进入河西走廊，此时的河西地区正处于十六国后凉吕氏控制下，法显一行依次经过祁连郡（今青海省海北藏族自治州祁连县东北）、金山郡（今甘肃省张掖市东南），抵达张掖镇（今甘肃省张掖市西）。

张掖大乱，道路不通

此时河西地区正处于各方势力相互攻伐混战之际。后凉吕氏王朝已进入末期，各地军阀纷纷占据一隅，称王建国。《法显传》云："张掖大乱，道路不通。"[①]河西群雄的战火阻挡了法显一行西去的道路，不过幸运的是，法显在张掖遇到了北凉王段业。

段业，京兆汉族人，生于4世纪中叶，从小就广泛涉猎各类史籍，善于写文。吕光征西域时，段业也随同前往，受到吕光的赏识，升为"著作郎"，负责撰写吕光的文件、诏令。386年，吕光建立后凉，改元太安，段业先后担任建康（今甘肃高台）太守、尚书等职。段业的仕途之路扶摇直上。

不久，后凉动荡，段业的人生随之再生波澜。龙飞二年（397）二月，吕光出兵西秦乞伏乾归不利，以败军之罪诛杀沮渠罗仇、沮渠麹粥二兄弟。沮渠罗仇之侄沮渠蒙逊借此机会，以替伯父复仇为名率众共讨吕光。

沮渠蒙逊起家后，攻陷临松，屯兵金山。时任后凉晋昌太守的沮渠男成劝说段业一同起兵，段业听从了他的建议，起兵响应沮渠蒙逊。听闻段业的加入，沮渠蒙逊由临松率部前来，与段业、沮渠男成合兵一处。

---

① 章巽著，芮传明编：《〈法显传〉校注 我国古代的海上交通》，上海：复旦大学出版社，2015年，第36页。

张掖鼓楼

由于沮渠男成、沮渠蒙逊年纪尚轻，职爵也低，段业就被推选为反凉盟军的盟主。龙飞二年（397）五月，段业自称大都督、龙骧大将军、凉州牧、建康公，建元神玺，建都骆驼城（今甘肃省高台县南22千米处）。不久，又进称凉王，改元天玺。张掖在河西四郡之北，故史称"北凉"。

　　法显一行人到达张掖之时，正值北凉建国。北凉王段业素来崇奉佛教，邀请法显留在张掖讲经授课，并"为作檀越"[①]。檀越，意为施主，是佛教僧徒对施舍财物之人的尊称。在张掖，法显遇到了同样西行求法的僧人智严、僧绍、慧简、宝云和僧景五人，与众僧友会合后，法显便暂时驻足张掖休整。恰好当时已是农历五月，夏日即将来临，众僧友依例进行了夏坐。

马蹄寺与黑水国古城

　　三个月的夏坐结束后，法显一行人在张掖宣传佛法，寻求僧友。当时的张掖已经成为佛事兴隆、僧人聚集之地。而就在法显进入张掖时，一座影响后世的马蹄寺也在兴建之中。或许，法显曾经去过营造的现场，抑或听说了这一神圣佛寺的开建情况。

---

① 章巽著，芮传明编：《〈法显传〉校注 我国古代的海上交通》，上海：复旦大学出版社，2015年，第36页。

马蹄寺石窟

天马留印——马蹄寺

马蹄寺位于甘肃省张掖市肃南裕固族自治县城东南80余千米的临松山中。石窟建于东晋十六国时期的北凉，最早由敦煌著名学者郭瑀及其弟子开凿，郭瑀在此隐居讲学，后有信徒开窟造寺，鼎盛时期僧徒达到300人之多。马蹄寺石窟规模宏大，包括胜果寺、普光寺、千佛洞、金塔寺以及上、中、下观音洞七处小窟群，每个小窟群少则两三个洞窟，多则30多个洞窟，总计有70余处窟龛，绵延近30千米。其中，马蹄殿是马蹄寺的核心所在，也是马蹄寺名称的来源，因此也是最为重要的洞窟。窟平面近方形，窟内有中心方柱。

史前遗迹——黑水国古城

除了佛教寺院外，张掖地区最为后世所知的便是黑水国古城。黑水国古城遗址位于张掖西北12千米处，濒临黑河，早在新石器时期就已经

黑水国遗址卫星影像图

黑水国原始文化遗址[1]

有文明起源于此。汉代时，这里是月氏、匈奴人生活的城池。可惜此后不久便为风沙所掩埋。

黑水国在历史上的声名吸引了前来寻古的人们。1941年9月，于右任到黑水国古城考察，他在记录当时考察情况时说："甘州西黑水河岸古坟，占地十余里，土人称为'黑水国'。掘者发现中原灶具甚多，遗骸胫骨皆长。余捡得大吉砖，并发现草隶数字。"[2]新中国成立后，考古工作者在这里发现了约4平方千米的汉代墓葬群。不过风沙淹没了千年前古城的更多细节，正如于右任在《黑水国》一诗中所慨叹的："沙草迷离黑水边，何王建国史无传。"[3]

法显一行人在此也做过一番停留，他们惊服于这些史前时期的文明，也感叹人生的不易，想到人生如朝露，瞬即幻灭，由此更是坚定了西去求法的决心。

---

① 吴正科：《丝路古城——黑水国》，兰州：甘肃人民出版社，2008年，第13页。
② 李庆云、唐立贵：《河西风物诗选》，兰州：甘肃人民出版社，1989年，第121页。
③ 李庆云、唐立贵：《河西风物诗选》，兰州：甘肃人民出版社，1989年，第121页。

黑水国南城和北城[1]

边塞敦煌的滞留

东晋隆安四年（400），敦煌太守李暠正式脱离北凉政权，建立西凉政权，以敦煌为都城。同时，李暠与北凉王段业也达成协议，兵戈暂息。河西走廊暂时恢复了平静，道路的畅通使僧侣、商人得以安全通行，法显一行人结束在北凉张掖的夏坐后，准备继续上路了。

---

[1] 吴正科：《丝路古城——黑水国》，兰州：甘肃人民出版社，2008年，第55、81页。

西出张掖郡后，法显沿着弱水向西北行经，进入西凉境内。西凉王李暠听闻法显等中原僧人到来，殷勤接待，众人在敦煌停留一月，休养生息。敦煌地区最有名的莫过于"汉代长城"和"莫高窟"，法显等人亦途经这里。

敦煌汉塞的烽火

汉代的长城，后世又称为边墙。汉代长城东起令居（今甘肃省永登县），沿河西走张掖、金塔、嘉峪关、玉门、安西等地，西至敦煌，并将"亭"（烽燧）、"障"（较大的城堡和烽火台）一直修至盐泽（今罗布泊）。

汉塞长城

敦煌郡内的边塞长城从古冥泽西南岸起，向西延伸到小方盘城以西吐火洛泉，东西长约300千米，横亘于今安西、敦煌二县中部东西一线，是从东边酒泉郡延伸而来的，大约筑成于西汉元封年间（前110—前105）。《史记·大宛列传》记载："敦煌置酒泉都尉，西至盐水，

汉长城遗址

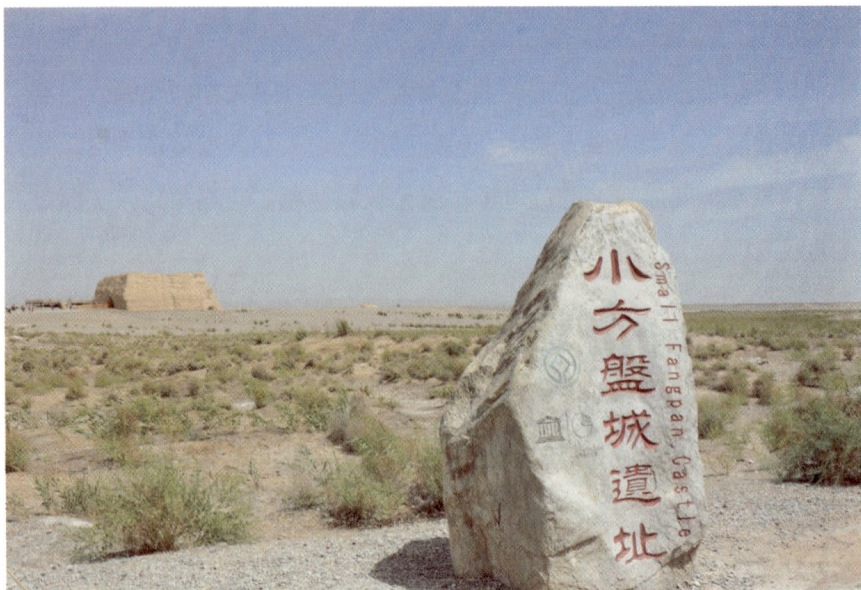

汉玉门关小方盘城遗址

往往有亭。"①就是从内地到敦煌，从敦煌到楼兰，沿途有汉代的亭障和烽燧，组成了一道汉匈边界的长城。

此前，在边境，汉廷不仅修筑了边墙、亭障一类的工事，还在此设兵屯驻。汉代敦煌郡内，仅长城一线部署的兵力就在2400人左右。《后汉书·西域传》记载："（阳嘉）四年春，北匈奴呼衍王率兵侵（车师）后部。帝以车师六国接近北虏，为西域蔽捍。乃令敦煌太守发诸国兵，及玉门关侯、伊吾司马，合六千三百骑救之。"②这正是调发玉门都尉属下的玉门关侯戍守士卒出征之例。

汉以后的历朝历代均注重经营敦煌。李暠建国后，也曾在敦煌旧时的汉塞基础上修筑西二围、西南二围。法显到敦煌之时，所见到的长城大约便是汉塞与李暠新建二围的结合。

---

① （西汉）司马迁撰：《史记》卷一二三，北京：中华书局，2013年，第3857页。
② （南朝宋）范晔撰，（唐）李贤等注：《后汉书》卷八八，北京：中华书局，1965年，第2930页。

长城第一墩

阳关烽燧

烽火台的作用

敦煌长城沿线，每隔10里筑有烽燧一座，这就是古籍中所写的"十里一大墩，五里一小墩"的烽火台。每座烽燧有戍卒把守，遇有敌情，白天煨烟，夜晚举火，所燃烟火在15千米外都能看到，通过层层传递，把敌情及时传递到后方，以便上级长官及时组织人马应对。[1]

敦煌郡的烽燧可分为边塞前沿烽燧和普通瞭望报警烽燧。由于前者的布列是沿长城东西一线展开，它的任务主要是警备与保卫边塞，所以又称之为塞烽。后一类四处延伸的烽燧，其布列以郡府为中心，向郡境四外边卡作辐射状展开，主要任务是瞭哨、报警，并及时向郡府传递情报，基本上不承担抗敌保境的战斗任务，所以可以叫做警烽。

《法显传》曰："有塞，东西可八十里，南北四十里。"[2]此时的敦煌汉塞担负着抵抗漠北游牧民族柔然进犯的功能，法显等僧人看到的便是经过西凉王李暠重新修建并且重兵防守的汉塞与烽火台。

---

[1] 王绍东：《论战国秦汉长城与边塞城镇建设及其功能》，《西安财经学院学报》2017年第5期。

[2] 章巽著，芮传明编：《〈法显传〉校注 我国古代的海上交通》，上海：复旦大学出版社，2015年，第36页。

莫高窟佛教艺术

除了汉塞之外，敦煌最有名的便是莫高窟。莫高窟俗称千佛洞，开凿在鸣沙山东麓断崖上，距离敦煌市区约25千米。敦煌鸣沙山位于库木塔格沙漠东部边缘，是巴丹吉林沙漠和塔克拉玛干沙漠的过渡地带，面积约200平方千米，延绵40千米，南北宽20千米，高度在100米左右，最高峰170多米。

莫高窟始建于前秦建元二年（366），经北凉、北魏、北周、隋、唐、五代、宋、元等朝代陆续修造，历时千年。这些历代开凿的洞窟密布岩体，大小不一，上下错落如蜂窝状，全长达1600余米。莫高窟窟群分为南北两区，现存大小洞窟735个，壁画4.5万平方米。迄今保留下来的历代彩塑3000余身，其中圆雕塑像2000余身，影塑1000余身。此外，还保存下来5座唐宋窟檐。当然，敦煌莫高窟蜚声海内外还因为1900年发现的藏经洞，保存了4至11世纪的佛教经典、史地资料、法律文书、经济账册、文学典籍、胡语文献以及绢画、纸画、织染刺绣等文物5万余件。毋庸置疑，敦煌莫高窟是全国也是世界上保存规模最大、最完整的一处佛教石窟遗存和文化艺术宝库。

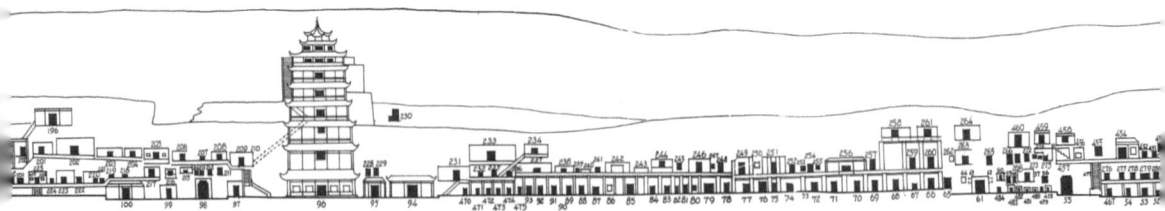

莫高窟立面图（部分）①

----

① 孙儒僩绘于1958年，采自敦煌文物研究所编：《中国石窟·敦煌莫高窟》第1卷，北京：文物出版社，2011年。

莫高窟外景

乐僔和尚开凿莫高窟

根据敦煌遗书P.3720号及莫高窟第156窟前室北壁《莫高窟记》的记载，前秦建元二年（366），一个名叫乐僔的僧人云游到莫高窟附近，忽见对面三危山上一派金光，好像有千万个佛在金光中显现。乐僔被这奇幻景象所感染，认为这里是圣地，于是他募人在莫高窟开凿了第一个石窟。此后法良禅师等又继续在此建窟修禅，开凿了第二个洞窟。关于

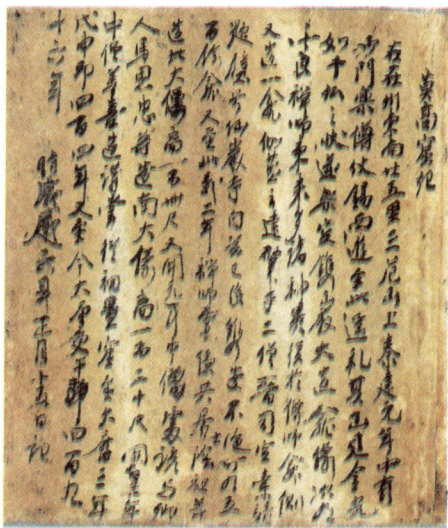

莫高窟记

莫高窟名字的来源有两种不同说法，一种认为莫高窟原为"漠高窟"，解释为沙漠的高处，因"漠"与"莫"通用，后世便改称为莫高窟；另一种说法是佛教认为开凿洞窟功德无量，也就是说没有什么功德比修建佛窟更高的了，因此称为"莫高窟"。

乐僔、法良之后，经过历代的修建，洞窟不断增多，到7世纪唐朝时，莫高窟已有"窟室千余龛"，因此，莫高窟又被称为"千佛洞"。

莫高窟的沧桑历史

莫高窟千年营造史可分为前、后两个时期，前期包括敦煌历史上的十六国、北朝、隋、唐前期；后期包括吐蕃管辖敦煌时期、归义军时期及少数民族政权时期。莫高窟虽创建于前秦建元二年（366），但大规模的营造活动，是从北凉攻占敦煌之后开始的。北凉统治者沮渠蒙逊虔诚信佛，占领敦煌之后，在莫高窟进行过大规模的营造活动，有计划、有组织地修建了在内容和形式上都成体系的一组洞窟。北魏、西魏和北周时的统治者崇信佛教，石窟建造得到王公贵族们的支持，发展较快。《武周圣历碑》在追述莫高窟早期营造情况时说："复有刺史建平公、东阳王等各修一大窟。"[1]东阳王是北魏明元帝的四世孙元荣，自525年至542年长期担任北魏和西魏瓜州刺史；刺史建平公，是北周于义，565至576年任瓜州刺史。《武周圣历碑》又云："乐僔、法良发其宗，建平、东阳弘其迹。"[2]可见东阳王和建平公在莫高窟营造史上的地位非同一般。隋唐时期，因为丝绸之路的繁荣和国力的强盛，莫高窟开凿达到顶峰，在武则天时已有洞窟千余个，这批洞窟集中展示了敦煌佛教艺术全盛时期的面貌。

安史之乱后，敦煌先后由吐蕃和归义军占领，但造像活动未受影响，敦煌石窟的营建和修缮都很兴盛。北宋、沙州回鹘、西夏和元时期，莫高窟愈加衰落，仅以重修前朝窟室为主，新建极少。明清时期不再开凿洞窟，莫高窟逐渐荒废。物换星移，清光绪二十六年（1900），

---

[1] 唐耕耦、陆宏基：《敦煌社会经济文献真迹释录》第5辑，北京：全国图书馆文献缩微复制中心，1990年，第246页。

[2] 唐耕耦、陆宏基：《敦煌社会经济文献真迹释录》第5辑，北京：全国图书馆文献缩微复制中心，1990年，第247页。

莫高窟藏经洞

道士王圆箓雇人清理莫高窟积沙时不经意间发现了震惊世界的藏经洞，"历代之积文，终成后世之瑰宝"。不幸的是，在晚清政府腐败无能、西方列强侵略中国的特定历史背景下，藏经洞文物发现后不久，英国人斯坦因，法国人伯希和，日本人橘瑞超、吉川小一郎，俄国人奥登堡，美国人华尔纳等外国探险家接踵而至，从王道士手中掠夺和骗取了大量藏经洞文献和绢画、纸画等文物，致使敦煌文物流散到世界各地，分藏于英、法、俄、日等十几个国家的几十个博物馆、图书馆和研究机构，造成了"敦煌学者，吾国学术之伤心史"的局面。

石窟瑰宝——建筑、彩塑、壁画

敦煌石窟艺术是我国传统的民族文化在外来佛教和佛教艺术刺激下产生的一种艺术形态，是以石窟建筑、彩塑和壁画三者合一的佛教文化遗存。敦煌莫高窟现今保存有绘画、彩塑的492个洞窟大部分位于南区，北区为古代僧人生活区，南北两区构成完整的石窟体系。按石窟建筑和功用

①莫高窟第259窟殿堂窟内景
　（北魏）
②莫高窟第254窟中心塔柱窟
　内景（北魏）
③莫高窟第328窟西壁龛内北
　侧半跏菩萨（盛唐）
④莫高窟第296窟覆斗顶窟主
　室内景（北周）
⑤莫高窟第45窟西壁彩塑
　（盛唐）
⑥莫高窟第46窟西壁龛内北
　侧天王（盛唐）

莫高窟九层楼

分为中心柱窟（支提窟）、殿堂窟（中央佛坛窟）、覆斗顶型窟、大像窟、涅槃窟、禅窟、僧房窟、廪窟、影窟和瘗窟等形制，此外还有一些佛塔。窟型最大者高40余米、宽30米，最小者高不足盈尺。敦煌石窟建筑形制并不是原封不动地照搬古印度和西域的佛教艺术。北魏孝文帝汉化改革以后，北方的佛教也开始注重对佛教经义的研读和宣讲，不同于以前只重视修习禅定。与这种变化相关，北周时期禅窟已经不见，中心塔柱窟也大为减少，而殿堂窟则成为主要窟形。殿堂窟窟内有较广阔的活动空间，便于信徒在这里举行礼拜和其他法会活动。所以北周时期窟形发生的变化透露出敦煌地区的佛教信仰方式已逐渐由单纯的禅修变成了供养礼拜。这说明敦煌古代工匠并非是一味接受外来艺术，而是在此基础上进行吸收和创造，使之成为具有中国特色的石窟形式。

　　彩塑是敦煌艺术的主体，早期的塑像多为单身塑像，而且是以弥勒为主。唐前期的彩塑在隋代基础上进一步发展，以整铺的群像为主，

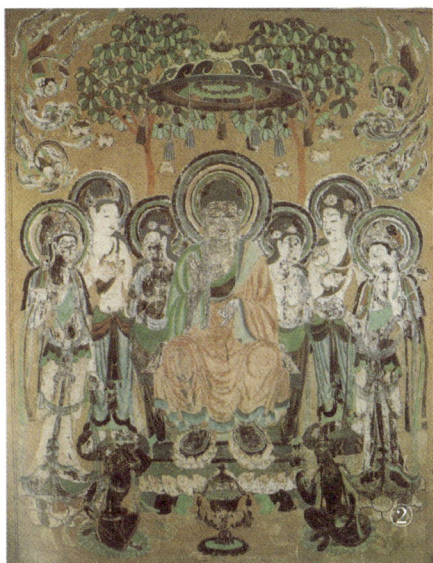

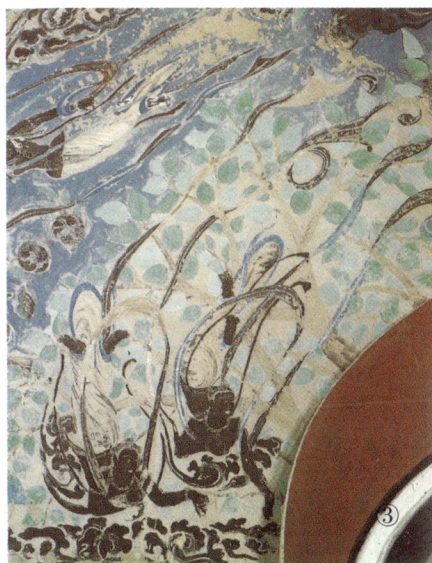

①莫高窟第45窟南壁西侧 观音经变（部分）（盛唐）
②莫高窟第322窟南壁中央说法图（初唐）
③莫高窟第321窟西壁龛顶南侧 飞天 （初唐）

由一铺五身、七身而向九身、十一身发展，气势宏大。全部塑像都是圆塑，浮塑已很少见。莫高窟最高的塑像是塑于第96窟（九层楼）内的北大像，高33米，最小为善业泥木石像，高度仅有2厘米。莫高窟彩塑题材包括佛、菩萨、天王、力士、地鬼等，内容之丰富和技艺之精湛，世所罕见。

敦煌莫高窟的壁画属于水粉壁画，富丽多彩，雄伟瑰丽，内容包涵佛经故事、飞天伎乐、殿台楼阁、动物形象、藻井装饰以及古代民众进行生产、生活的各种场面等，是古代中国的社会风貌和历史变迁的艺术再现。莫高窟壁画为中国古代历史研究提供了珍贵的图像史料，堪称中国古代美术史和社会生活史的博物馆。

法显到达莫高窟时，恰逢第一个洞窟开凿后不久。因此法显是否来过莫高窟，史无明言，但是法显在敦煌期间正是此地佛教开始兴盛的时期，他应该或多或少听说过建造石窟的盛事，甚至到现场观看石窟的开凿并心生感叹。不过，法显等人可能不会想到眼前的这座石窟会在此后千年历经沧桑巨变，成为举世闻名的世界艺术宝库。

法显一行人在敦煌停留了一个多月，在得到敦煌太守李暠的供给后，与宝云等人告别，和李暠遣赴西域的使者一同离开敦煌启程上路，西出玉门关，毅然进入前途未知的沙河地界。

逾沙轶漠

第三章
塔里木盆地风土人情

　　法显一行人得到敦煌太守李暠的资助后，西出玉门关，踏上了广袤的西域大地。渡过"上无飞鸟，下无走兽"的沙河，他们到达的第一个国家是鄯善（今新疆若羌县）。在鄯善国的见闻，坚定了法显向西求法的决心，继而他们舍近求远，取道北上到达焉夷国（今新疆焉耆回族自治县境）。而其北上的原因，颇耐人玩味。穿越塔克拉玛干沙漠后，在素有"小西天"之称的于阗国（今新疆和田地区），他们目睹了壮观的行像大典。法显的所见所闻，向我们展示了那个遥远的时代塔里木盆地的风土人情。

渡沙河闯绝域之地

出玉门关后，法显一行很快便面临了西行路上的第一道难关——沙河，即今天库木塔格沙漠。西路漫漫，他们虔诚的信仰，唤醒了这片沉睡的大漠，给寂寞的沙海带来了生命的气息。法显在传记中以颇为传神的笔触记下了他过往鄯善途中的观感："沙河中多有恶鬼、热风，遇则皆死，无一全者。上无飞鸟，下无走兽。遍望极目，欲求度处，则莫知所拟，唯以死人枯骨为标识耳。"[①]这种近乎骇人听闻的词句，使通往鄯善的那条丝路古道以及鄯善所处的罗布泊地区，在后人的心目中平添了无数的神秘、恐惧与诱惑。

丝路古道的荒凉

法显出敦煌到鄯善所走的路段，是丝绸之路遐迩闻名的途经地段。关于丝绸之路在西部地区的路线问题，尽管中外学者的分歧颇多，大致

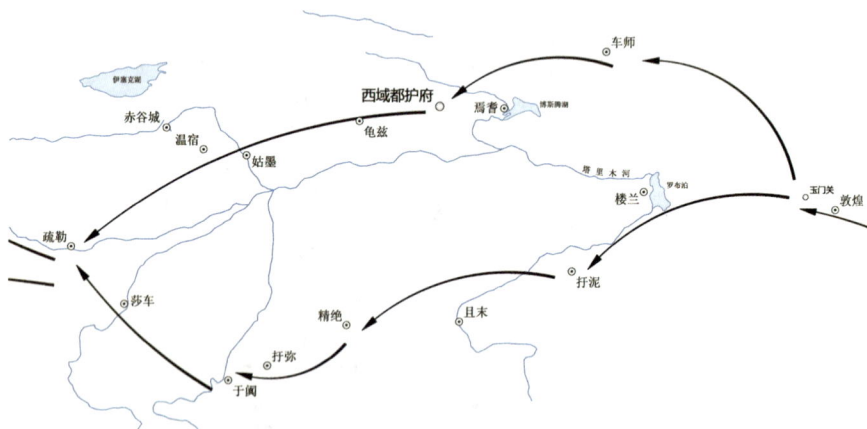

塔里木地区主要绿洲和道路

---

① 章巽著，芮传明编：《〈法显传〉校注 我国古代的海上交通》，上海：复旦大学出版社，2015年，第37–38页。

敦煌甜水井烽燧

脉络却是清晰的。出敦煌后，在天山以南有绕罗布泊南北向西而行的南、北两道，后为避开白龙堆这一雅丹林立的地区，出玉门关后直接北上，新开辟了一条经伊吾、车师西行的道路，原来的北道变为中道。

北道的路线，《魏略·西戎传》记载较详："从玉门关西出，发都护井，回三垅沙北头，经居庐仓，从沙西井转西北，过龙堆，到故楼兰，转西诣龟兹，至葱岭，为中道。"[①]西出敦煌，经疏勒河谷，过白龙堆、盐泽到楼兰，这是两汉时期进入塔里木盆地的一条主要路线。为了抵御匈奴的侵扰，保证这条道路畅通无阻，西汉王朝采取了一系列的措施，像筑长城、修亭燧，在渠犁、轮台置屯田等。

至今在玉门关以西，仍然可以见到一段向西延伸屹立于浩瀚戈壁之中的汉代长城遗迹，黄文弼在罗布淖尔北岸发现的汉代土垠遗址、古楼兰城遗址、库鲁克塔格山南岸逶迤而西的烽燧遗迹、营盘古城附近的汉

---

① （西晋）陈寿撰：《三国志》卷三〇，注引《魏略·西戎传》，北京：中华书局，1964年，第859页。

罗布泊地区营盘古城遗址

代墓葬，它们是这条古道存在的历史见证。

　　沿此路从敦煌到楼兰，从自然地理条件来看十分艰难，途中多是沙漠、戈壁、雅丹、盐壳，还有干燥、风沙等诸多不利因素。其中数白龙堆最为艰难。白龙堆，即罗布泊地区的白龙堆沙漠，位于甘肃瓜州，方圆300多平方千米，以凶险之名，让行人望而生畏。关于白龙堆沙漠，《汉书·地理志》记载："敦煌郡……正西关外有白龙堆沙。"[1]《汉书·西域传》记载："楼兰国最在东垂，近汉，当白龙堆，乏水草。"[2]《水经注》说在罗布泊东北即白龙堆沙漠。书中记载："龙城，故姜赖之虚，胡之大国也。蒲昌海溢，荡覆其国。城基尚存而至大，晨发西门，暮达东门。浍其崖岸，余溜风吹，稍成龙形，西面向海，因名龙城。"[3]实际上，这里的"龙城"正是白龙堆雅丹，并非是郦道元所记原为一大国，罗布泊泛滥才导致其国覆灭。

　　南道位于新疆南部，处于塔克拉玛干大沙漠南缘与昆仑山北麓山前地带之间。《魏略·西戎传》记载："从玉门关西出，经婼羌转西，

---

① （东汉）班固撰：《汉书》卷二八下，北京：中华书局，1962年，第1614页。
② （东汉）班固撰：《汉书》卷九六上，北京：中华书局，1962年，第3878页。
③ （北魏）郦道元著，陈桥驿校证：《水经注》卷二，北京：中华书局，2007年，第40页。

越葱岭，经悬度，入大月氏，为南道。"^①古往今来，众多的使者、僧人、商旅都循此道东来西往。南道的具体路线，史书记载十分简略。从北道的"从沙西井转西北"判断，南道也应是从沙西井转西南，沿库木塔格沙漠与盐漠之间的通道，沿途水草条件较好，因此也很少有变动。在楼兰兴盛时，南道与北道也自楼兰分开。^②楼兰因此被推上了中西交通枢纽的宝座。

从敦煌到鄯善之间的具体路线，法显在传记中并未言明。史籍中亦多只言从敦煌或玉门、阳关至鄯善，至于具体怎么走，则史无明文。这无疑使得法显一行的此段行程成为谜团，留下深深的悬念。学者经过多番考证，提出不少说法，有的认为是出敦煌后先到楼兰，再由楼兰到鄯善，有的认为是由敦煌南下，一开始走的仍是两汉时期的南、北合道，亦即魏晋的中、南合道。不过，此合道已经不经白龙堆，更不在楼兰分道，而沿罗布泊东行。^③亦有人指出是从阳关向西南沿阿尔金山北麓直

白龙堆雅丹地貌

① （西晋）陈寿撰：《三国志》卷三〇，注引《魏略·西戎传》，第859页。
② 胡文康、王炳华：《罗布泊：一个正在解开的谜》，乌鲁木齐：新疆人民出版社，2000年，第190页。
③ 参见王素：《高昌史稿（交通编）》，北京：文物出版社，2000年，第127页。

至鄯善，走所谓的"阳关路"①。这些说法，引起史学家和地理学家的长期争论。但不管争论的结果如何，法显在进入塔里木盆地之前，经过罗布泊地区是毫无疑问的，这条路的险恶更是谁也不可否认的。

感受荒原的魅力

罗布泊地处塔里木盆地东部，与敦煌地区临近。其东接河西走廊西端，西至塔里木河下游，南起阿尔金山，北到库鲁克塔格山。法显西行求法，身临其境，向我们展示了沙漠的荒凉和凶险，这绝非危言耸听。鳞次栉比的雅丹地貌如迷魂阵般让人不知所处的位置，盐碱板块则如蒺藜让人难以下足，还有沙漠中经常出现的沙暴和海市蜃楼更是令人眼花缭乱。尽管环境艰苦，道路极其艰险，在罗布荒原上，仍然留下了许多探险者的足迹。

1271年，威尼斯商人马可·波罗经古代丝绸之路到达中国，他在中国生活了20年后由海路回到威尼斯。马可·波罗在游记中记录了途经罗布泊地区的情况，他也因而成了最早记载罗布泊地区的外国人。

> 罗布是一大城，在名曰罗布沙漠之边境，处东方及东北方间………此漠甚长，骑行垂一年，尚不能自此端达彼端。狭窄之处，须时一月，方能渡过。沿途尽是沙山沙谷，无食可觅，然若骑行一日一夜，则见有甘水，足供五十人，或百人暨其牲富之饮。甘水为数虽不多，然全漠中可见此类之水。质言之，渡沙漠之时至少有二十处得此甘水，然其量甚寡。另有四处，其水苦恶，沙漠中无食可觅，故禽兽绝迹。②

① 参见陈戈：《新疆考古论文集上》，北京：商务印书馆，2017年，第8页。
② ［意］马可·波罗著，［法］A.J.H.Charignon注，冯承钧译：《马可波罗行纪》，北京：中华书局，1954年，第176页。

罗布泊地区沙漠广布，水源缺乏，食物匮乏，动植物稀少，马可·波罗在罗布泊地区见到的这些情景和法显所记述的相比可谓是有过之而无不及。

19世纪末20世纪初，人类历史上出现了一次规模巨大的探险浪潮。这一时期包括中国西部地区在内的中亚、西亚地区备受关注。这里是欧亚交通的大动脉，无数的商贾在这里东来西往，东西方文明也在这里碰撞交融。这片土地既是军事家窥伺的新领地，也是探险家向往的宝地。自1876年俄国的普尔热瓦尔斯基到达罗布泊地区，至20世纪30年代以斯文·赫定为首的中瑞西北考察团，短短50多年间，来到中国西部的外国探险队就有40多个。在众多探险队的发掘之下，中国西部地区辉煌灿烂的古代文明逐渐拂拭去表面的尘埃。不过，这些探险队也随之掠取了中国大量的文物。

从20世纪30年代开始，我国学者也开始了对罗布泊地区的考察。1927年斯文·赫定组织第六次中亚考察时，中国文物保护委员会向政府提出了异议。经过协商，最终双方合作组成了中瑞联合考察团，即中国西北科学考察团。我国考古学家黄文弼、陈宗器等人参与其中。新中国成立之后，王炳华等学者又对罗布泊地区进行了全面的科学考察。

罗布泊地区以其独有的魅力吸引了无数人前来探索它的奥秘，而它的险峻又不知让多少人在罗布荒漠迷失方向，留下累累白骨。从1980年5月开始，中国科学院新疆分院副院长、著名科学家彭加木率领考察队赴罗布泊地区进行综合考察。彭加木进行了一次极为大胆的探险：纵穿罗布泊干涸的湖盆。然而不幸的是，由于考察队中途断水，彭加木为寻找水源，于1980年6月17日在库木库都克附近的沙漠失踪。"彭加木失踪"很快成为新闻热点，使得地处西陲的罗布泊地区成为万众瞩目的对象。数千军民动用了大量人力、物力进行搜救工作，但最后无功而返，只找到彭加木的几张糖纸、几行鞋印。毕竟"失踪"不是去世，总能让人仍怀有一丝希望，因为它给想象和意外留下了空间。但寻找的无果，

彭加木遇难地

罗布泊洼地

为各种谣言创造了条件。有人说他去了外星，有人说他被敌人杀害了，种种猜测，增加了彭加木失踪的神秘性。最终，这片绝域之地还是没能眷顾这位坚忍顽强、不避险阻、心系边疆的伟大科学家。

古人的描述，今人的遭遇，罗布荒原骇人的荒凉和死寂让人难以想象。"官军西出过楼兰，营幕傍临月窟寒。蒲海晓霜凝马尾，葱山夜雪扑旗竿。"这是盛唐诗人岑参在《破播仙凯歌》中描绘的罗布荒原的瑰丽奇景。曾几何时，发源于天山、昆仑山和阿尔金山的库车河、孔雀河、叶尔羌河、车尔臣河等河流，以及来自祁连山冰川融水的疏勒河，源源不断地注入罗布泊洼地，形成湖泊。这里曾是西域最大的生命绿洲，是丝绸之路的必经之地。而今天，"蒲海晓霜"已成幻影，这片荒原被世人以"无人区""不毛之地"冠名。

无边无际的浩瀚沙海，蜿蜒起伏的风蚀堑沟，坚硬似铁的龟裂盐漠，再加上水源缺乏，虽然走在古道上，却如同在荒野死界中摸索前行。在当时法显要想闯过这一片绝域之地，确要有万分的胆识和魄力。然而他们这些坚毅的求法者，就是在这种恶劣的环境下，跋涉了17个昼夜，1500里路程，终于渡过了沙河，成功穿越了这一片绝域之地。

鄯善的辉煌与焉耆的冷漠

进入塔里木盆地后，法显到达的第一个国家是鄯善。法显到达鄯善的时间，正值古国最后的辉煌。从法显的记述中，我们可了解到5世纪初鄯善国的历史文化、社会生活及宗教信仰状况，这些具有极重要的价值。在鄯善国的见闻，坚定了法显向西求法的决心，然而由于种种原因，他们舍近求远，取道北上到达焉夷国。由于焉夷国人"不修礼义"，他们在这里受到了非礼的待遇。

楼兰古今

鄯善的国都故址，在今新疆若羌县，它还有一个更让人熟知的名字——楼兰。楼兰地处丝绸之路的孔道、中西文化交流之要冲，自古便占据着重要的地理位置，成为各方势力角逐的要地。德国学者孔拉特将楼兰形象地比喻为"一页紧张的世界史的记录碑"。

西域的咽喉

汉时，楼兰地处丝绸之路要冲。《汉书·西域传》记载，楼兰国

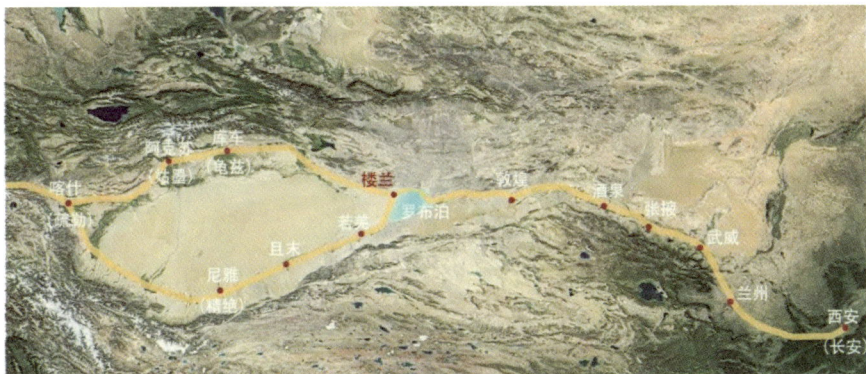

楼兰的位置

"常主发导，负水担粮，送迎汉使"①，即负责丝路中的向导前行和补给供养。后汉班勇也极为重视楼兰的地理位置，认为如果派遣西域长史带领500人驻屯楼兰，则"西当焉耆、龟兹径路，南强鄯善、于阗心胆，北捍匈奴，东近敦煌"②。所以在汉王朝与匈奴争夺西域控制权的过程中，楼兰便被推上了风口浪尖，成为汉与匈奴争夺的要地。

前108年，楼兰臣服汉朝，之后匈奴大举南侵，楼兰势单力薄，无力与这两个大国抗衡，只好分遣侍子，向两面称臣。后在匈奴的侍子安归继任为楼兰王，安归亲附匈奴，屡屡袭杀汉使，成为汉朝心腹大患。前77年，汉昭帝刘弗陵的大将军霍光派平乐监傅介子前往楼兰。安归初对傅介子比较冷淡，避而不见汉使，后来听闻汉使带有重礼，又转变态度重新请回傅介子，结果安归在酒宴上被刺杀，汉立安归之弟尉屠耆为王，改国名为鄯善，迁都扜泥城。迁都之后的鄯善逐渐崛起，不过100多年，小宛、精绝、戎庐、且末尽为其所兼并，势力一直扩张到尼雅河边。

东汉初年，鄯善等国又臣服在匈奴的铁蹄之下，汉明帝时班超率36名勇士，马蹄疾劲，西出玉门关，出使鄯善。班超以"不入虎穴，焉得虎子"的勇武睿智，杀匈奴使者，使鄯善归附东汉王朝，再次叩开了中原通向西域的大门。5世纪上半叶，鄯善王廷被北凉残余所破，又为北魏兵锋所及，遭到灭顶之灾，之后，入据西域的丁零再一次涂炭其地，致使"人民散尽"。至此，在经历差不多400年的风雨之后，鄯善王国的历史翻到了最后一页，画上了句号。7世纪中叶，唐代玄奘东归行至这里，见到的已是"国久空旷，城皆荒芜""城郭岿然，人烟断绝"的"楼兰故地"了。③

① （东汉）班固撰：《汉书》卷九六，北京：中华书局，1962年，第3878页。
② （南朝宋）范晔撰，（唐）李贤等注：《后汉书》卷四七，北京：中华书局，1965年，第1588页。
③ （唐）玄奘、辩机著，季羡林等校注：《大唐西域记校注》卷一二，北京：中华书局，2000年，第1031、1032页。

橘瑞超在《中亚探险》中写道：汉代的所谓楼兰国，有时成为匈奴的耳目，有时归附于汉，玩弄着两面派的政策，介于汉和匈奴两大势力之间巧妙地维持着其政治生命。[①]这段描述道出了楼兰夹持在两个强国间艰难生存的辛酸。在罗布荒原这片风云激荡、波谲云诡的土地上，楼兰始终是汉匈之争的风暴中心，双方无数次的兵戈相向，多少英雄豪杰在这里叱咤风云而名垂青史，

楼兰三间房遗址

演绎了西域史上一幕幕惊心动魄、传颂至今的传奇。

古国最后的辉煌

当年的楼兰古国，终在历史上消失了它的痕迹，昔日鼎盛时期的风光荡然无存，那条熙熙攘攘的丝绸古道也退化成"盲肠"。在其后2000年的历史中，后世的人们只能在历代文人的诗词中偶尔见到它的名字。如李白的《塞下曲》："愿将腰下剑，直为斩楼兰。"岑参在《武威送刘单判官赴安西行营便呈高开府》中写道："浑驱大宛马，系取楼兰王。"王昌龄《从军行七首》云："黄沙百战穿金甲，不破楼兰终不还。"楼兰俨然成为遥远西域的代名词。

法显到达鄯善的时间，是它彻底消失的100多年前，正值古国最后的辉煌。依据法显在鄯善国的实地见闻，我们可依稀窥见古国当年的雄风，同时亦可找回一些早已失落的鄯善王国子民们的生活篇章。沙去沙

---

① ［日］橘瑞超著，柳洪亮译：《中亚探险》，乌鲁木齐：新疆人民出版社，1993年，第87页。

楼兰古城遗址

求，水渍水洇，那被风沙掩埋了的一切，被法显的手牵引着，一一浮出水面。

踏上鄯善国的国土，法显对这个国家的第一印象是"其地崎岖薄瘠"①，这一评价相当中肯，稍微了解一下鄯善国的自然地理环境便会和法显感同身受。就统治地域而言，鄯善国的疆域广袤，囊括了东起罗布泊，西至尼雅遗址（今新疆民丰县境内），南及阿尔金山，北至库鲁克塔格山的广大地区。虽然地域辽阔，但造物主赐予它的却是令人难以如意的生存环境，"大部分地区都是沙漠、荒漠、风蚀土丘，适宜人类居住的只是塔里木河下游、孔雀河下游、车尔臣河、米兰河等这些河流的河谷、三角洲尾闾地带"②。

法显到达的扜泥城故址在今若羌县城东南6—7千米处的且尔乞都克。20世纪50年代，黄文弼发掘了这座古城。城为长方形，有内外两

① 章巽著，芮传明编：《〈法显传〉校注 我国古代的海上交通》，上海：复旦大学出版社，2015年，第38页。
② 王炳华：《悬念楼兰——精绝》，杭州：浙江文艺出版社，2012年，第34页。

重。外城周约720米，城墙宽
1.5米、残高1米，用卵石垒
砌。内城基址周约220米，墙
用土坯垒砌，宽1.6—2米，残
高0.5米左右。在古城遗址的
西南有一处"孔路克阿旦"的
佛寺遗址，发现有佛殿、佛塔
遗迹以及壁画残块、无文字小
铜钱和夹砂红陶等遗物。这里
发现的遗物与建筑上使用的土
坯与且尔乞都克古城完全一

20世纪二三十年代黄文弼赴西北考察时骑着骆
驼的照片

致，可能是4世纪的遗存。此外，与古代扜泥有联系的遗存，是在县城西
北发现的一处土台。土台残高10米左右，用土坯垒砌。在土台四周有较
大的卵石，以及红烧土、灰土、陶片、骨片等。[①]

　　据敦煌文书《沙州图经》记载，"鄯善城周回一千六百四十步，西
去石城镇二十步，汉鄯善城见今摧坏"，可见鄯善王城早已毁坏。鄯善
城周1640步，汉唐度量衡，一步等于6尺，唐代1尺大约等于30厘米，
那么汉代扜泥城的周围大约是3000米，规模很大。因此，上面的这些遗
址，只是当年扜泥城的很小的一部分建筑遗存，从中已很难看出当年扜
泥城的面目了。

　　且尔乞都克古城在黄文弼发掘以前已遭到严重破坏。1916年，谢彬
到这里时还保存尚好，他在游记中写道："县署（指若羌县城）左近，
有古城墟，周十余里，城垣存者，高尚盈丈。中皁丘墟，悉成庄田。西
南二里，营盘后方，亦有城基。广亦数里，断垣犹存。"又说："西南
二十里许，沙碛中，土墩矗立，房舍数间，皆为沙压，掘视墙壁，皆垩

①　参见黄文弼：《新疆考古发掘报告（1957—1958）》，北京：文物出版社，1983年，
　　第48-50页。

石灰，并遗朱迹。土人云，昔时壁上遍画山水人物，为英人司德讷（即斯坦因）铲创毡裹以去。审其形势，似非城社。廖知事谓为古代佛宇或大喇嘛葬地，则近是矣。"[1]对且尔乞都克古城调查比较深入的是斯坦因，他在《亚洲腹地》一书中还提供了这座古城的平面测绘图。

扞泥城位于阿尔金山脚下的一处戈壁滩上，与法显所记述的鄯善城"崎岖薄瘠"的地理景观正好相符。不过好在扞泥城靠近若羌河，可引水灌溉，城东又有一条米兰河，米兰河出口处的土地平坦、肥沃，引米兰河水灌溉，便可将荒漠化为良田，汉时称这里为伊循。西汉时期，楼兰新王尉屠耆为了避免匈奴的侵扰，稳定国内局势，向汉昭帝陈言，说国中的伊循城"其地肥美"，希望西汉王朝在这里驻扎部队，屯田积谷，以此作为自己的后盾和依靠。于是，伊循便成为汉代一处重要的屯田基地，也就是今天的米兰遗址。

行走在城内的街道上，法显倍感亲切，那时的鄯善国已经较多地接受了内地的习俗，人们的穿着样式，大致与中原地区相似，只是"以毡褐为异"[2]，即质地有所不同，是用毛或麻织成。其实，从青铜时代到汉代，鄯善古代居民的服饰有了很大的变化，其中尤以服装材料最为明显。早期，人们主要以动物皮和毛为服装材料，他们擅长纺织各色毛布

---

[1] 谢彬：《新疆游记》，乌鲁木齐：新疆人民出版社，2013年，第256页。
[2] 章巽著，芮传明编：《〈法显传〉校注 我国古代的海上交通》，上海：复旦大学出版社，2015年，第38页。

米兰佛寺遗址

新疆维吾尔自治区博物馆

和制毡，生活中普遍使用着毛布、毛毯和毡，还用彩色颜料在毛布上绘染图案，惯于用金、铜、骨、玉和鸟禽羽毛作为服装的配饰。

在新疆博物馆，最吸引人也是最让人震撼的地方莫过于"逝者越千年——新疆古代干尸陈列"主题展厅了。这里有出土于罗布泊地区孔雀河下游墓地中的"楼兰美女""小河公主"等干尸，距今3500—4000年。不同于木乃伊将内脏掏空使尸体得以长久保存，罗布泊地区古代墓葬中的遗物是靠着干燥、盐碱的埋葬环境才能千年不腐，古尸的骨骼、皮肤、毛发及衣物等保存至今。

通过古楼兰人的墓地，可以大致看出他们生前的穿戴情况。毛布斗篷可以说是人人必备，白天可以披身，晚上可当被子盖，实际上就是一块长方形的毛线毯，这种毛线毯比较厚实，保暖且结实耐磨。与斗篷一起，毛织腰衣既能遮蔽下体，又可做装饰物。毡帽是古楼兰人男女皆可

小河墓地出土的毛织斗篷、女性毛织腰衣、皮靴。新疆博物馆藏

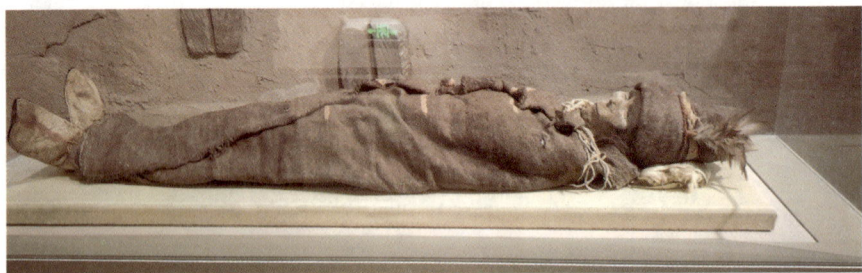

小河墓地出土的头戴毡帽、身裹毛织斗篷、脚蹬皮靴的成年女性干尸。新疆维吾尔自治区博物馆藏

戴的一种帽子，不但能防沙，而且还可保暖，风靡了几个世纪。

两汉时期，社会稳定、丝绸之路畅通，使得华美的丝绸、柔软的棉布、精美的毛罽以各种形式运到西域，极大地丰富了楼兰人的服饰及其原料品类。于是，汉以后，除继续使用着毛布、毛毯和毡外，丝织物和棉布开始成为当地人的新宠。轻薄、柔软的棉布、绢相较于毛布更为舒适，深受人们的喜爱。从罗布泊地区的汉墓可以看出，丝绢长袍、丝绸斗篷、绸裙、绸裤已成了身份地位略高的人生活中的服装。另外，受中原地区的影响，服装样式方面也注入了新的时尚因素。样式有上衣、长裤、右衽外袍，也有以棉布为料的衣、裤、袍服。东汉以后，鄯善王国已经使用了棉布，而且相当普遍。①

① 参见王炳华：《悬念楼兰——精绝》，杭州：浙江文艺出版社，2012年，第65页。

楼兰城东郊汉墓中出土的毛织物和丝锦①　　　　楼兰古城以北墓葬出土棉布袍②

　　除了衣着，细心的法显还留意到，西域诸国所使用的语言各不相同，但僧人"皆习天竺书、天竺语"③。遗憾的是，法显未指明鄯善国所使用的是何种语言，直到20世纪初英国探险家斯坦因在尼雅遗址发现了大量的佉卢文文书，这一独特的语言才被世人所知。楼兰地处丝绸之路要冲，中西文化在此交融，语言文字受其影响，也有显著特点，文字上主要使用汉文，但也使用了佉卢文。佉卢文，是属于阿拉米文支系的一种文字符号，名称源自印度语，在梵文中称为"kharostha"，意为"驴唇"。这种文字起源于古印度西北部的犍陀罗地区，后来流行于中亚广大地区。5世纪后，佉卢文因被弃用而成为死文字。在塔里木盆地南部陆续发掘出上千件佉卢文木简文书，足见这里是使用和通行佉卢文的一个重要地区，古代居民也使用这种文字表达自己的情感。

　　就语言体系而言，佉卢文表达的语言是中古印度雅利安语的西北方言——犍陀罗语。所谓犍陀罗语，指的是一种古代的印度西北方言，与

---

① 王炳华：《悬念楼兰——精绝》，杭州：浙江文艺出版社，2012年，第65页。
② 新疆维吾尔自治区文物事业管理局等编：《新疆文物古迹大观》，乌鲁木齐：新疆美术摄影出版社，1999年，第33页。
③ 章巽著，芮传明编：《〈法显传〉校注 我国古代的海上交通》，上海：复旦大学出版社，2015年，第38页。

1959年，尼雅遗址出土东汉佉卢文木牍和佉卢文木简。新疆维吾尔自治区博物馆藏

梵文、巴利语皆有很近的亲缘关系，皆属于印欧语系的印度语支，是贵霜王朝的官方用语。然而，对于楼兰人而言，犍陀罗语只是他们的宗教和官方行政用语，并非本族语言，实际上，楼兰人讲的是一种印欧语系的语言，即"吐火罗语"。

黄文弼清理且尔乞都兑占城时，在堆积中发现了贝叶及纸片上写的梵文，书写时间为4世纪前后，内容尚未译出，他认为可能是佛教经典。后来据美国梵学家邵瑞琪和德国梵学家哈特曼鉴定，内容为赞佛乘派诗人

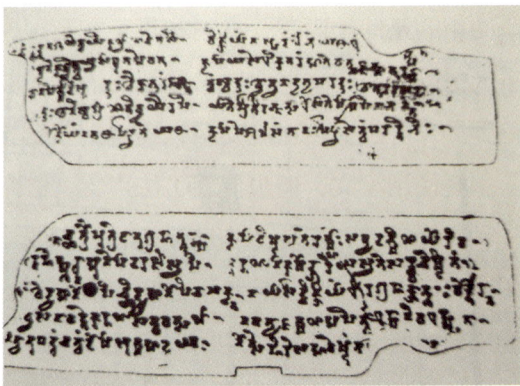

扜泥城出土"天竺书"[1]

《一百五十赞颂》的作者摩特尔吉陀的作品以及小乘佛教论部著作《阿毗达摩》残卷。黄文弼在古城发现的这些梵文佛经，正是法显在扜泥城所见到的"天竺书"。

作为一名虔诚的僧人，法显最关注的自然还是鄯善国的佛教和僧人。佛教何时初传到鄯善，目前还无法确知，不过结合佛教东渐的路线

---

① 林梅村：《寻找楼兰王国》，北京：北京大学出版社，2009年，第71页。

楼兰东北佛寺遗迹

以及鄯善现存的佛教遗物可大致推测出。前1世纪左右佛教传入中国新疆地区，传入路线有两条：一条由迦湿弥罗（即古代的罽宾，约为现在的克什米尔地区）经丝绸之路南道传入于阗（今新疆和田）；另一条由大月氏、康居经丝绸之路北道传入疏勒（今喀什）、龟兹（今库车）以及焉耆、高昌（今吐鲁番），时间略晚于于阗。佛教大约于前1世纪传入于阗，而鄯善目前纪年最早的佛教遗物大约在1世纪，来焉耆传播佛教的主要有罽宾、龟兹、疏勒等地的高僧。季羡林指出："佛教由印度西传至大夏，再由大夏向偏东方向流布，直到疏勒，然后再向东进向龟兹和焉耆。"①由于统治阶层的支持和提倡，佛教传入鄯善以后很快发展起来，国内寺院、佛塔林立。法显于400年到达鄯善，正值鄯善佛教兴盛之时，他在游记中描述道："其国王奉法。可有四千余僧，悉小乘学，诸国俗人及沙门尽行天竺法，但有精粗。"②当时鄯善国有居民8000余户，僧人竟有约4000人，若按每户5人计算，国中总人口有4万人，僧人在当地人口中所占的比例高达1/10③，数量相当惊人。而且不止僧人

① 季羡林：《佛教传入龟兹和焉耆的道路和时间》，《社会科学战线》2001年第2期，第229页。

② 章巽著，芮传明编：《〈法显传〉校注 我国古代的海上交通》，上海：复旦大学出版社，2015年，第38页。

③ 参见郑炳林、樊锦诗、杨富学主编：《丝绸之路民族古文字与文化学术讨论会论文集》，西安：三秦出版社，2007年，第214页。

楼兰佛塔远景和近景

和一般百姓，连最高统治者国王都信奉佛法，佛教的影响不可谓不大。据斯坦因所获楼兰尼雅出土佉卢文文书Kh.504号记载，鄯善国国王亲自下令，要求地方官员赦免3个佛教僧人[1]，可见鄯善国国王对佛教徒的保护。

在佛教教派上，法显所见鄯善国信奉的是小乘佛教，而实际上，鄯善国地处于阗大乘佛教东传的必经之地，大乘佛教在这里也有一定的传播。借助佉卢文文书所提供的鄯善国大乘佛教的信息，陈世良推测鄯善国内的实际情况应该是：大、小乘并存，但有先后主次，最早是传入小乘佛教，曹魏之前又传入大乘佛教，到西晋时大乘佛教有了很大的发展；在鸠摩罗什离开龟兹后小乘佛教又占据了统治地位，因此，到法显路过鄯善时，其所见"悉小乘学"[2]了，这一见解于史有据，可备一说。

现今孔雀河及车尔臣河中下游地区保留了许多佛教遗迹，包括佛寺、佛塔和宗教画等。20世纪初，瑞典探险家斯文·赫定发现了汉晋时期名震西域的楼兰古城遗址，向全世界揭开了蒙在古楼兰文明上的神

---

[1] 参见林梅村：《沙海古卷——中国所出佉卢文文书初集》，北京：文物出版社，1988年，第639页。
[2] 陈世良：《魏晋时代的鄯善佛教》，《世界宗教研究》1982年第3期。

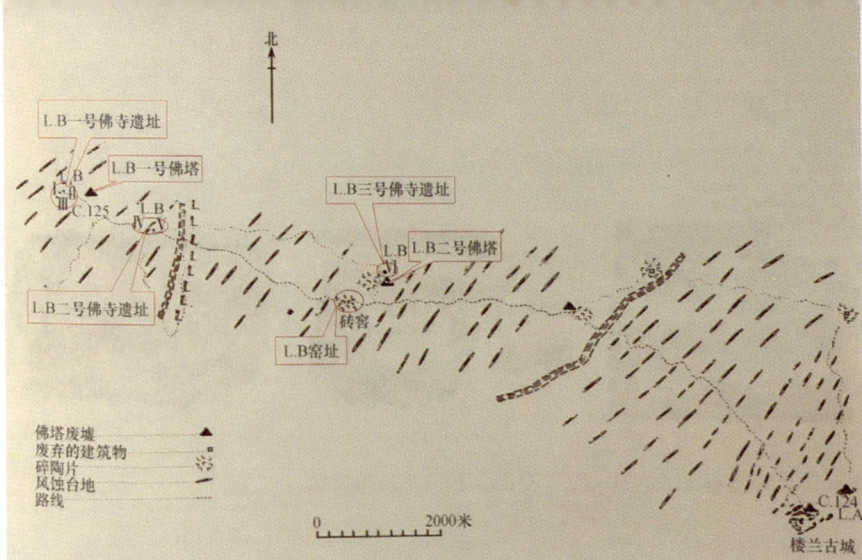

楼兰L.B佛教遗址各文物点相对位置图（奥雷尔·斯坦因和奈克·拉姆·辛格绘）[1]

秘面纱。楼兰遗址的东北区为佛殿遗址，始建于魏晋时期，沿用至魏晋南北朝时期。遗址地处沙漠腹地，土坯垒砌，分为上下两层。下层基座建筑坍塌严重，形状难辨，残高约2.5米。上层建筑保存相对完整，

营盘佛寺遗址中央佛塔

可辨别为方形围墙，长、宽约为5米，高约2米，围墙中部有圆形建筑，似为一座小佛殿。环形壁画上还残存佛教壁画。在环形台的甬道中出土了残缺的佛像及一些木花形饰的文物。[2]此外，还有位于若羌县境内罗布泊西北荒漠中的楼兰西北佛塔遗址以及尉犁县古勒巴格乡兴地村的汉晋时期的营盘佛寺遗址。

　　米兰佛寺遗址是楼兰地区最为著名的遗址之一，斯坦因在这里发现了"有翼天使"壁画，以及多种多样的受犍陀罗艺术影响的壁画、雕塑

① 新疆维吾尔自治区文物局编：《新疆佛教遗址》，北京：科学出版社，2015年，第157页。
② 参见张安福：《环塔里木历史文化资源调查与研究（下）》，上海：上海人民出版社，2018年，第1006页。

米兰佛寺M.Ⅲ出土"有翼天使"壁画，1907年斯坦因摄

等珍贵文物。20世纪初，楼兰遗址的发现不仅掀起了楼兰考古的热潮，同时也彰显了楼兰在丝绸之路交通要道的重要地位。正如赫尔曼所说："文化潮流从东方与从西方和南方一样流入中央亚细亚，而在这里创造出一个高等的混合文化，就像是在楼兰的遗物中怎样深刻地出现在我们的面前一样。"①

橘瑞超②

继斯文·赫定之后，斯坦因在楼兰的满载而归也吸引了四面八方的探险家、考古学者来到这里，企图在沙漠"这座文明的坟墓"里挖掘到更多的珍宝。1909年1月，年仅19岁的日本考察员橘瑞超跟随大谷光瑞探险队来到塔里木盆地，他从库尔勒出发，南下罗布沙漠前往若羌做探险前的准备，而后北上，在罗布淖尔旧湖畔的楼兰废墟进行了为期一个月的发掘。在斯坦因编号的LK（海头）古城中，橘瑞超发现了一份震惊世界的文书，即"李柏文书"，成为20世纪初叶继楼兰古城之后的又一大考古发现。

海头古城位于罗布泊西南缘，是魏晋南北朝时期的重镇，一度是西

① ［德］阿尔伯特·赫尔曼著，姚可崑、高中甫译：《楼兰》，乌鲁木齐：新疆人民出版社，2006年，第18—19页。
② ［日］橘瑞超著，柳洪亮译：《橘瑞超西行记》，乌鲁木齐：新疆人民出版社，2010年。

域长史府所在地，其规模仅次于楼兰古城，也是今天楼兰遗址的重要考古区域之一。20世纪末，我国文物部门曾对海头古城进行详细测量，古城平面大致呈长方形，东西城墙长160余米，南北城墙宽80余米，城墙残高3—5.4米，可以想象当年古城内外的情景。

也正是通过"李柏文书"，罗布泊一段已被遗忘千余年的历史开始重见天日。永初元年（107），汉罢西域都护之后，西域长史为最高的长官，掌管西域兵众。曹魏及以后，仍沿袭了这一官职，对于西域的安定起到了重要作用。前凉建立后，势力强盛，挥师伐鄯善，在楼兰设立了西域长史。建兴十二年（324），前凉张骏继位，但并没有被西域诸国所看好，甚至于当时在任的戊己校尉赵贞对张骏的继位也极为不满，暗中与前赵刘曜秘密勾结。赵贞的行径被西域长史李柏得知，李柏将此事告知张骏，并请求带兵攻打赵贞。《晋书·张骏传》记载："西域长史李柏请击叛将赵贞，为贞所败。议者以柏造谋致败，请诛之。"①李柏失败之后，张骏力排众议，仍然委任李柏为西域长史，联合焉耆王龙熙和车师王共击赵贞，最终平定了叛乱。"李柏文书"正是在这样的背景下写给焉耆王龙熙的信件。

当时的焉耆国国力强盛，焉耆王龙熙统一了塔里木盆地东部地区，西域长史李柏遂给焉耆王写信，求得联兵。20世纪初，橘瑞超发现的"李柏文书"共3份，是正式信件的草稿，其中第二稿如下所示：

> 五月七日，西域长史关内侯顿首顿首□□。阔久不相闻，□怀思想。不知亲想念□□见忘也。诏家见遣□来，慰劳诸国。月二日来到海头，不知王问邑。邑天热，想王国大小平安。王使□遂俱共发，从北房中与严参事往。不知到未。今□使符太往通消息，书不尽意。李柏顿首顿首。②

---

① （唐）房玄龄等撰：《晋书》卷八六，北京：中华书局，1974年，第2235页。
② 王国维：《王国维考古学文辑》，南京：凤凰出版社，2008年，第107页。

米兰佛寺遗址3号佛塔[1]

　　李柏在信件中提到的"海头"二字，即为斯坦因所编号的LK古城。前秦灭掉前凉后，对楼兰的统治也减弱，大批军政人员撤离，屯田不复存在。5世纪，楼兰地区彻底被废弃，隐匿在历史的尘埃中。处在罗布泊边缘的古城，也逐渐成为法显所见的那般"上无飞鸟，下无走兽"的流沙的世界。

　　历史在断壁残垣中回荡着昨日的声音，那些土坯间夹有层层红柳枝的佛寺、佛塔，用它们的残破诉说着鄯善王国昔日确是一处钟磬之声相闻、梵音不绝于耳的佛教圣地，这与法显在鄯善国内见到的情况正好可以呼应。

---

① 新疆维吾尔自治区文物事业管理局等编：《新疆文物古迹大观》，乌鲁木齐：新疆美术摄影出版社，1999年，第34页。

海头古城南城墙

深惟重虑取道北上

在鄯善国的见闻，更加坚定了法显向西求法的决心。于是，待了一个月后，法显一行向西北方向出发，又踏上了求法的征程。而在这之前，道路的选择是摆在他们面前的一个大难题。法显最初想走的应该是丝绸之路南道，即由鄯善一直西行，经且末、扜弥，到于阗，又西北至莎车（叶尔羌），然后西逾葱岭。直接走南道到印度自然比向北经焉耆要近得多。那么，法显为什么要舍近求远呢？其实，当时的南道局势动荡，并不太平，存在诸多安全隐患。法显或许并不惧怕自然条件的恶劣，但更为担心社会环境的复杂。

首先是西域大国称霸导致丝绸之路南道局势动荡。东汉初年，由于中原王朝无力经营西域，西域进入了"战国"时期。先是莎车王贤独霸西域，之后在塔里木盆地内展开了一个互相兼并、逐步走向统一的过程，慢慢呈现为鄯善、焉耆、龟兹、疏勒、莎车、于阗等政治实体分主乾坤，到东汉末年，西域南北道大国称霸的局面俨然形成。据余太山分析，"始自东汉末年的南北道绿洲大国称霸的局面不仅在整个曹魏时期没有变化，在整个两晋南北朝时期也没有发生根本性的变化"①。诚如斯言，从东汉末年到南北朝结束，西域南北道一直被大国所控制。这些大国或兼并，或役属临近小国，使得不少小国沦为大国的附庸，与之相应，称霸大国的势力范围也随之变化。东汉末年，鄯善王国已成为塔里木盆地东南部的霸主，小宛、精绝、戎庐、且末皆在其控制之下，疆域拓展至尼雅河边。据《魏略·西戎传》记载，三国时期，"南道西行，且志国、小宛国、精绝国、楼兰国皆并属鄯善也。戎卢国、扜弥国、渠勒国、皮山国皆并属于阗"②。这时，原本臣属于鄯善的戎卢被于阗兼

---

① 余太山：《两汉魏晋南北朝时期西域的绿洲大国称霸现象》，《西北史地》1995年第4期。

② （西晋）陈寿撰：《三国志》卷三〇，注引《魏略·西戎传》，北京：中华书局，1964年，第859页。

并，鄯善国的领地较东汉时略小。而三国之后，鄯善国的疆域有无变化，则史无详载，唯《魏书·西域传》称："真君三年，鄯善王比龙避沮渠安周之难，率国人之半奔且末，后役属鄯善。"[1]似乎表明在比龙到且末之前，且末已不属于鄯善。据此或可推测，法显于400年到达鄯善国时，且末很可能已不在鄯善国的势力范围之内，或又被别的大国兼并，或脱离鄯善获得独立。

大国之间这种争霸关系的存在，导致鄯善和于阗、扜弥等国的关系十分紧张，这在佉卢文书中有不少记载，如第329、333、341、349号文书："朕处理国事之时，汝应日夜关心国事，小必戒备。若扜弥和于阗有什么消息，汝要向朕，伟大之国王陛下禀报。""若扜弥和于阗有什么消息，汝要向朕，伟大的国王陛下（禀报）。""（汝等应关心）国事，不惜生命小心戒备。若扜弥和于阗有什么消息，应向朕，伟大的国王陛下禀报。""若扜弥和于阗有什么消息，务必向朕，伟大的国王陛下禀报。"[2]由此可见，当时丝绸之路南道的局势比较动荡，这种情况下，法显若想直接西行势必困难。

其次是苏毗人的拦截抢夺。据尼雅所出佉卢文书记载，3—4世纪时，苏毗人是鄯善王国的主要外患之一，他们经常入侵、袭击、劫掠凯度多（今尼雅遗址）、舍凯（今安迪尔古城）和且末一带。[3]所以，佉卢文书中有很多关于探听、警惕苏毗人的记载："现本地传闻，苏毗人四月间突然袭击且末，汝应派哨兵骑马来此。""现有人送来关于苏毗人的消息，汝务必亲自巡视哨卡，并派一合适之哨长乘牲畜来此。""苏毗人从该地将马牵走。""现在苏毗人已全部撤离，以前彼等居住在何处，现仍应住在何处。""余现已派出戍卒，前去警戒苏毗

① （北齐）魏收撰：《魏书》卷一〇二，北京：中华书局，1974年，第2262页。
② 林梅村：《沙海古卷——中国所出佉卢文书（初集）》，北京：文物出版社，1988年，第93—96页。
③ 参见孟凡人：《楼兰鄯善简牍年代学研究》，乌鲁木齐：新疆人民出版社，1995年，第434页。

人。"　"据且末方面的消息，苏毗人要带来威胁，谕令书已再次下达，军队须开赴。"　"鲜卑人到达且末，劫掠王国，抢走居民。"　"有种种理由担心鲜卑人。汝不得疏忽。舍凯应继续保持警戒。"①"苏毗"或"鲜卑"指的便是苏毗人，从上述记载可看出，苏毗人的入侵令且末、精绝、鄯善等地的统治者惶惶不可终日。虽然目前学界关于苏毗人的方位、族属还有较大争议，但其广泛活动在今若羌、且末、民丰和于阗以南地区则是毫无疑问的。因此法显若从鄯善沿丝绸之路南道西行，亦不能免除被苏毗人侵扰、抢夺的命运。

当然，除了社会政治因素外，自然条件的险恶或许也成为法显向西行进的顾虑。从南道走克里雅以东方向，还将穿越一段很长的流沙路程。作为探路的准备工作，法显肯定对过这段流沙的艰难有所耳闻。《大唐西域记》卷一二记玄奘东归，到达纳缚波故国（即古楼兰）之前，在尼壤城（故址在今新疆民丰县北）以东通过大流沙。玄奘对流沙有这样的描述："从此东行，入大流沙。沙则流漫，聚散随风，人行无迹，遂多迷路。四远茫茫，莫知所指，是以往来者聚遗骸以记之。乏水草，多热风。风起则人畜惛迷，因以成病。"②足见这段流沙的险恶。

以上应该是影响法显从鄯善北上焉耆的原因。《沙州图经》说石城镇北去焉耆800里，唐时，鄯善都城又称为典合城、石城镇。从自然地貌来看，这个路段古今不会变化太大。法显所走的路线应与清代驿路基本相同，即从若羌北上阿尔干、铁干里克，西北经尉犁，北上库尔勒，经铁门关至焉耆，全线里程约1600里，今天从若羌到焉耆的公路亦大致如此。③

① 林梅村：《沙海古卷——中国所出佉卢文书（初集）》，北京：文物出版社，1988年；〔英〕T.Burrow著，王广智译：《新疆出土佉卢文残卷译文集》，载韩翔等主编：《尼雅考古资料》，乌鲁木齐：新疆社会科学院知青印刷厂，1988年。
② （唐）玄奘、辩机著，季羡林等校注：《大唐西域记校注》卷一二，北京：中华书局，2000年，第1030-1031页。
③ 参见孟凡人：《丝绸之路史话》，北京：社会科学文献出版社，2014年，第161页。

焉耆印象

经过15天的艰苦跋涉，法显来到一个绿洲农耕生活形态的国家——焉夷国。一路而来的荒凉与干旱，对于法显一行而言，这里的绿色显得尤为珍贵。焉夷国又称焉耆国，其国都故址，在今新疆焉耆回族自治县境内。焉耆国是西域的古国之一，位于焉耆盆地的腹心，扼天山南麓丝绸之路之咽喉，四面据山，道险易守，位置十分重要。汉唐时期有焉耆国，唐贞观时又于此地置焉耆都督府和焉耆镇。唐玄奘西行印度取经，出高昌国后，到达的第一个国家就是焉耆国，即《大唐西域记》卷一中所称之阿耆尼国。

初到焉耆

考古资料表明，目前坐落在焉耆县城西南的博格达沁古城，便是汉唐时期焉耆王国的都城故址，法显到达的地方很可能就是这里。"博格

焉耆位置图

博格达沁古城

达沁"是维吾尔语，汉语的意思是"高大宏伟的城"，整个古城略呈长方形，周长3000多米，在焉耆盆地的古城中规模最大，而且地势险要，是一块攻可胜退可守的重地。在古城里出土了金银饰件、石珠子、汉代五铢、唐代钱币、波斯萨珊银币以及三耳红陶罐等各式文物。古城周围有许多防卫建筑，古城东有一古墓地，俗称"黑圪垯"，这是一处汉—唐墓葬叠压的古墓区，1962年以来陆续出土了汉代铜镜、包金铁剑和罕见的雕龙金带扣等许多极为珍贵的文物。城郊墓葬出土的金质龙纹带钩是典型的汉代风格文物，为汉王朝赏赐羁属小国统治者的珍品，一定程度上透示着城址确为王城的消息。[1]据学者研究，唐焉耆都督府和焉耆镇城应该也在这片地区。[2]

5世纪初，法显到达这里时正值焉耆龙氏王朝全盛之时。不过，在法显来到这里之前，焉耆国硝烟四起，遭遇了无数次战火的熏染。汉时，焉耆国时而臣服在匈奴的铁蹄之下，时而又归顺汉王朝。到三国时期，焉耆国渐渐强大，成为丝绸之路北道的大国。西晋时，焉耆王龙会亲率大军一举攻破龟兹国，从此，龙氏王朝叱咤风云，威震西域。建兴

---

① 参见王炳华：《西域考古文存》，兰州：兰州大学出版社，2012年，第76页。
② 参见韩翔：《焉耆国都、焉耆都督府治所与焉耆镇城——博格达沁古城调查》，《文物》1982年第4期。

焉耆四十里大墩烽火台

十八年（330），张骏在今甘肃西北一带建立前凉政权，派沙州刺史杨宣征西域。杨宣的部将张植担任前锋，攻城略地，势如破竹，大军所到之处，西域诸国望风披靡，独焉耆王龙熙不降服，张植率兵攻破焉耆，龙熙率其4万余众向杨宣投降。前秦建元十八年（382），苻坚派遣大将吕光治理西域，吕光渡流沙河（今开都河）进兵焉耆，焉耆国王泥琼率领他的属国向吕光投降。后来吕光占据今武威一带建立后凉政权，焉耆国王向吕光称臣纳贡。经历了一次次战火的洗礼，此时的焉耆国以安定而祥和的姿态迎来了法显一众西行求法的僧侣。

佛事兴盛

置身于焉耆国这一佛教文化重镇，法显心中念念不忘的依旧是寻找戒律。400年，法显到达焉耆国时焉耆佛教已较为兴盛，他在游记中记载："焉夷国僧亦有四千余人，皆小乘学，法则齐整。"[1]和鄯善国一样，焉耆国的僧人也有4000多人，当时其国人口仅数万。可见，僧人占很大比例。在佛教教派上，如法显所见，焉耆国民信奉的是小乘佛教，且戒律严格，这和塔里木盆地北部的疏勒、龟兹相似，是以信奉小乘佛教为主。

---

[1] 章巽著，芮传明编：《〈法显传〉校注 我国古代的海上交通》，上海：复旦大学出版社，2015年，第39页。

其实不只是法显，在这个丝绸之路北道的重镇上，其他东来西往的虔诚僧侣，也留下了他们对焉耆国佛教的描述。7世纪初，玄奘西行取经途经焉耆国，《大唐西域记》中对焉耆国的佛教有详细的叙述："伽蓝十余所，僧徒二千余人，习学小乘佛教说一切有部。经教律仪，既遵印度，诸习学者，即其文而玩之。戒行律仪，洁清勤励，然食杂三净，滞于渐教矣。"[①]玄奘所见焉耆国境内有寺院10余所，僧人2000多名，比法显时期少了一半，他们研习的是小乘佛教的说一切有部，在经典、教义、戒律及宗教仪式仪轨方面都深受印度的影响。僧侣们恪守戒律仪则，持身清洁，勤劳奋勉，但是食杂三种净肉，所习教义还停留在粗浅的阶段。相比法显，玄奘到焉耆国时，虽然佛教已有所衰落，但在社会上仍然有相当大的影响。

正如法显和玄奘所见到的，魏晋至隋唐时期，佛教在焉耆地区一直都十分兴盛。然而，不论是法显，还是玄奘，他们所见到的焉耆国的佛教盛况已经定格在了那个遥远的时代。如今只剩下残存的佛教遗迹，见证着古焉耆国佛教的繁盛。在焉耆县城西南30千米，有一处颇具规模的晋唐两代的佛寺遗址，叫"七个星明屋"，是古代焉耆国规模最大的佛寺。看到寺名，不免让人好奇，为什么起名为"七个星明屋"呢？其实，"七个星"是蒙古语"锡克沁"的音译，是三角形的意思，因为这里地形上窄下宽，像个三角形。而"明屋"是维吾尔语中"千间房"的意思，以此来表示佛寺规模的宏大。佛寺主要由南、北两个寺院遗址和一个小型的石窟群组成。现存遗址共90余处，主要由殿堂、僧房、佛塔、山门等组成。由现存建筑可以看出，佛寺平面多为方形，顶部以穹隆顶、纵券顶为主，构筑方法主要为土坯垒砌。[②]

---

① （唐）玄奘、辩机著，季羡林等校注：《大唐西域记校注》卷一，北京：中华书局，2000年，第48页。
② 参见张安福：《环塔里木历史文化资源调查与研究（下）》，上海：上海人民出版社，2018年，第998页。

①七个星南大寺遗址
②七个星北大寺遗址
③④七个星遗址出土菩
萨泥塑头像。新疆维吾
尔自治区博物馆藏

20世纪初，斯坦因、勒柯克、奥登堡等人曾到七个星佛寺遗址进行多次发掘，当时佛寺遗址的顶部、壁画、塑像等都保存较好。勒柯克在此发掘出了许多文献写本、壁画、雕塑等宗教遗物，其中的雕塑明显具有晚期犍陀罗艺术的风格特点。①黄文弼也曾来这里进行考察，发掘出土了大量的泥塑、佛头、佛体、佛饰、壁画等遗物。此外，具有波斯风格的银盘、粟特风格的银盘也见于此，透露着当年"丝绸之路"上曾经展开过的文化艺术交流。在遗址中还出土了属于7—9世纪的焉耆文剧本《弥勒会见记》。这是一部大型分幕剧作，内容是说年已120岁的婆罗波婆离梦中受天神启示，想去拜谒释迦牟尼如来佛。但因年长，不能亲身前往，故派其弟子弥勒等16人，代表他谒佛致敬，这是已知中国最早的剧本。

霍拉山佛寺遗址位于焉耆县西部的霍拉山山腰处。佛寺依山而建，有东西两区，主要有殿堂、僧房、佛塔和佛龛等遗迹。现存大小佛寺建筑18处，以中央大殿为中心分布在山腰间，部分建筑表面为

1975年，七个星佛寺遗址出土唐代焉耆文《弥勒会见记》剧本残页

现代修复。1907年，斯坦因到此做过调查和发掘，出土一些壁画、木雕佛像和彩绘本件等，他认为寺庙沿用时间与七个星佛寺遗址大致相同。1928年，黄文弼也曾对佛寺进行发掘，出土有绿釉方砖、木雕像等遗物。②

---

① 参见［德］阿尔伯特·冯·勒柯克著，陈海涛译：《新疆的地下文化宝藏》，乌鲁木齐：新疆人民出版社，1999年，第138页。
② 参见张安福：《环塔里木历史文化资源调查与研究（下）》，上海：上海人民出版社，2018年，第1001页。

霍拉山佛寺遗址近景、远景图

历经千年沧桑，曾经金碧辉煌的佛寺建筑如今坍塌得只剩下断壁残垣，看着这些残损的佛塔、经堂、殿堂、僧房和山门等，不难想象千年前焉耆国佛火的旺盛。寺院里高僧坐堂，僧侣众多，佛像庄严，钟声悬梁，香烟缭绕，当年法显看到这样一处佛教圣地，内心该有多么的激动与欣喜。

非礼待遇

焉耆国佛教的兴盛让法显满怀期待，这里能找到他向往的戒律吗？理想是丰满的，现实是骨感的。残酷的现实给了他们沉重的一击，满心欢喜等来的却是人情的冷漠、非礼的待遇。"秦土沙门至彼都，不预其僧例"[①]，由于佛教教派的分歧，信仰大乘佛教的法显不被焉耆小乘佛教教徒所礼遇。在这里，法显他们既不能进寺庙住宿，又不能加入当地僧团。更令人心寒的是，除了寺院僧侣，这里的普通百姓对他们也很冷淡。不过幸运的是，他们遇到了一个贵人——苻行堂公孙。"行堂"指

① 章巽著，芮传明编：《〈法显传〉校注 我国古代的海上交通》，上海：复旦大学出版社，2015年，第39页。

的是修行之人，"公孙"则是对贵族官僚子弟的尊称。足立喜六认为，
东晋太元七年（382）九月，苻坚命吕光率领10万兵马、5000名铁骑讨
伐西域，焉耆诸国纷纷降。后苻坚败死，吕光乃于太元十一年（386）
十二月据凉州自立，苻公孙可能是苻坚之一族，原在吕光军中，后即留
此处为行堂。或许同是修行之人，敬佩法显的取经精神；或许是同样身
处异地，出于对老乡的照顾，苻行堂为法显提供了帮助。因此法显他
们在焉耆国才能生存下去，而且还得以和之前在敦煌分开的宝云等人
会合。

　　法显一行人在这里住了两个月，因为焉耆国人"不修礼义，遇客
甚薄"①，他们如果想继续前进，缺少必需的物资保障，所以随行的智

高昌故城考察队

---

① 章巽著，芮传明编：《〈法显传〉校注 我国古代的海上交通》，上海：复旦大学出
版社，2015年，第39页。

严、慧简、慧嵬返回高昌国，以求解决行资问题。高昌城故址在今新疆吐鲁番市东约50千米的胜金口之南。高昌国地当冲要，两汉、魏、晋时为戊己校尉驻所。在法显时代前后，十六国中之前凉、前秦、后凉、西凉、北凉在这里置高昌郡。

当时高昌国的佛教十分兴盛，且已有大乘佛教流行。据《出三藏记集》《高僧传初集》《续高僧传》记载，382年，车师前部王弥弟朝拜后秦时，其国师鸠摩罗拔提呈梵本大乘经典《大般若经》一部；沮渠京声在高昌时获得大乘经典《观弥勒菩萨上兜率天经》和《观世音观经》各一卷；高昌僧人恪遵"普诵法华、胜鬘、金刚、般若"等大乘经典。佛教的隆盛，教派的契合，智严等之所以去高昌国求行资，原因便很清楚了。另外，唐玄奘西行求法途经高昌国时受到崇高的礼遇，而且其间还应高昌王麴文泰之请为其讲述大乘经典《仁王般若经》，并受其资助。高昌国这一佛教圣地，毫不吝啬地对来往的疲惫僧侣伸出了援助之手。

高昌佛寺遗址

茫茫沙海一月余

　　法显得到符公孙的供给后，便开始收拾行装，与慧景、道整、慧达继续向西南进发，直奔于阗国。然而，梗阻在焉耆国和于阗国之间的是令人谈虎色变的塔克拉玛干沙漠。塔克拉玛干沙漠位于新疆南疆的塔里木盆地中心，是中国境内最大的沙漠，也是世界第二大流动沙漠，整个沙漠东西长约1000千米、南北宽约400千米。

　　塔克拉玛干沙漠因其险恶向来被描绘为生命的禁区，更是被冠以"死亡之海"的称呼。其实，法显来到时，于阗国北部的沙漠面积还没有这么大，水源也较充足。于阗古国的绿洲，在汉唐时期要深入沙漠中100—200千米，而塔里木河古道，也较今天的河床偏南。因此，远离人烟的沙漠行程，大概也就200千米。[①]再者，和田河、克里雅河在丰水期时可以向北与塔里木河连通，策勒河、尼雅河在古代的流程也要比今天的长，可以向北深入到沙漠腹地。法显一行在沙漠中行走，沿途肯定要靠这些河水提供水源补给，这无疑是他们在沙漠中延续生命最重要的东西。

　　其实在法显之前，亦不乏纵穿沙漠的壮举。汉晋时期，今民丰县北约120千米的沙漠地带是精绝王国的活动中心，其北面便是广袤无垠的沙海。而精绝王国的子民们，有人不畏艰险，纵穿沙漠，走到天山南麓的龟兹国。尼雅遗址出土的佉卢文文书记录了这样一个爱情故事：精绝州的叶吠乡有个陶工的儿子叫沙迦牟韦，他和沙门苏达罗的女儿善爱相爱，但不知什么原因两人的感情受到阻挠，于是他们穿越塔克拉玛干沙漠，私奔到天山脚下的龟兹国。后来这对流亡异乡的恋人在楼兰王室的同意下得以重返家乡。[②]这便是成功穿越塔克拉玛干沙漠的史实，爱情

---

① 参见王炳华：《西域考古文存》，兰州：兰州大学出版社，2012年，第91页。
② 参见林梅村：《沙海古卷——中国所出佉卢文书初集》，北京：文物出版社，1988年，第141-143页。

的力量是伟大的，它可以让相爱之人无所畏惧。同时亦表明塔里木盆地南北实际上是可以交通往来的。

5世纪初，法显出焉耆国后纵穿塔克拉玛干沙漠，虽然荒无人烟的路程没有今天想象的这么长，沿途有水源补给，但这仍然是十分艰难的行程。在塔克拉玛干沙漠约33万平方千米的土地内，流动沙丘大面积分布，几乎全是沙子的天下。佛说：一沙一世界。这些看起来静止温顺的沙子，聚集起来是一座座高塔，铺展开来便是浩瀚无际的大漠。沙漠中的气候极端干燥，除少数流入沙漠的季节河的河畔略呈绿色之外，绝大多数地区是寸草不生，没有生命气息的世界，仿佛所有的生命都窒息了一般，造物主竭尽全力雕镂无数美丽的山河，可在这里却显得那么吝啬。沙漠中风沙活动频繁，那遮天蔽日的风沙令所到之处灰飞烟灭。而且塔克拉玛干沙漠的地貌构成复杂，沙漠中的地貌如同海洋，有时沙丘连绵起伏，如大海的波浪；有时沙丘陡然升起，高达百米，如大海掀起巨浪。因此，要穿越这样的沙海极为不易，确需十足的勇气与毅力。法显在游记中这样描述此段经历："路中无居民，沙行艰难，所经之苦，人理莫比。"[1]这短短的几句话，蕴含了多少辛苦艰难！穿越沙漠的艰苦，是常人难以想象的，在法显看来，人世间再也没有比这更苦的事情了。

19世纪末，瑞典探测家斯文·赫定多次进入我国新疆进行探测工作。1895年4月，他带着征服塔克拉玛干沙漠的雄心闯进了这片大漠。从4月23日到5月8日，水草完全断绝，又遇沙尘暴，白天高温，只能夜里赶路，因严重缺水，随行人员不得已喝鸡血、羊血以及混着糖、醋的骆驼尿液，有两个随从丧生了，7头骆驼及全部装备物资被沙漠吞噬。这段行程相当艰苦，斯文·赫定好不容易才从死亡的边缘重生。他在《我的探险生涯》一书中，有关于此段行程的描述："那日夜间，我写了几

---

① 章巽著，芮传明编：《〈法显传〉校注 我国古代的海上交通》，上海：复旦大学出版社，2015年，第41页。

行据我想大概是最后一次的日记：停留在一个高沙山上，我们用望远镜向东观察，各方都是沙山，没有一根草也没有一些生物。我们和骆驼都十分虚弱。求上帝帮助我们。""我们在白天热的时候，行沙土浴，虽然觉得凉爽有趣，但亦使我们很疲乏。我们的力量渐渐衰弱不支，不能如前日夜间一般地走那许多路。口中也不像那几天的患渴，因为口腔内干燥得如外面的皮肤一样，渴望的心倒也稍杀了，身体愈来愈萎弱。所有的功用也减少了，血液渐渐地污浊起来，在血管中迟缓地流动。不久，我们也将到了结局——因干燥而死。"①足见塔克拉玛干沙漠的险恶。

1896年1月14日，斯文·赫定再次向塔克拉玛干沙漠发出挑战，他从和田向东北方向出发，沿克里雅河进入并通过塔克拉玛干沙漠，于2月23日顺利抵达沙漠以北的沙雅，历时41天。沙雅在焉耆的西南，斯文·赫定和法显当时的路线正好相对，法显是从焉耆直向西南穿塔克拉玛干沙漠而到达于阗，所走的路程比斯文·赫定更长，时间上却只用了1个月零5天，比斯文·赫定的41天还要短，真是"所经之苦，人理莫比"，可以想见法显的不易。

斯文·赫定

漫漫的黄沙没有阻挡法显西行求法的脚步，在他看来，这西行路上的每一眼都是风景，每一步都是修行。他一路向西，用坚定的意志践行着：从来没有到达不了的路，只有轻言放弃的人。

---

① ［瑞典］斯文·赫定著，孙仲宽译，杨镰整理：《我的探险生涯》，乌鲁木齐：新疆人民出版社，2010年，第142-150页。

"小西天"于阗观行像

穿越塔克拉玛干沙漠后，法显和他的同伴们踏入了于阗国的都城。历经贫瘠的土地和非礼的待遇之后，他们来到了这片僧人的乐土。于阗，即今新疆的和田地区。"和阗（田）"是清代出现的译音，清以前的文献多作"于阗"。从前2世纪开始，于阗国就是西域独立的绿洲王国之一，东通且末、鄯善，西通莎车、疏勒。两千多年来，于阗国或统一于中原王朝，或称霸一隅，是我国西部边陲的一个重镇。

僧人的乐土

据《汉书·西域传》记载，于阗国的都城名为西城，距离长安"九千六百七十里"。历经千年的岁月，如今位于和田市西约10千米的约特干遗址可能就是当年法显等人驻足的地方。[①] 约特干遗址位于喀拉喀什河畔，总面积达10平方千米。

北宋大中祥符二年（1009），在长达20余年的圣战之后，于阗国灭于信仰伊斯兰教的喀拉汗王朝，约特干可能在这个时期被废弃。繁荣兴旺的于阗国都城成了被湮没的废墟。如今这儿已夷为平地，开辟成农田，周围全是民居，遗址无任何古建筑痕迹，城池轮廓也不详，目前是自治区级重点文物保护单位。

这个因盛产玉石、丝绸以及佛教隆盛而在西域享有盛名的于阗国都城如今竟掩埋在一片废墟之下。岁月倥偬，人生如梦，沧海桑田，法显当年踏入于阗国都城时，这里应该有城池、村落、河流、湿地、树林、

---

① 关于于阗国都的位置，学界大致有以下几种说法，即今和田城、约特干遗址、阿克什比尔古城、买里克阿瓦提遗址、奈加拉·哈奈遗址、阿拉勒巴格等。"约特干遗址说"参见孟凡人：《于阗国都城方位考》，载马大正等主编：《西域考察与研究》，乌鲁木齐：新疆人民出版社，1994年，第449—474页。

约特干遗址　　　　　　约特干遗址周围民居

农田，僧侣穿梭，信众云集……一派生机盎然的绿色秘境。

于阗国地处中西交通的孔道，是佛教东传的前沿阵地，佛教传入后很快便成为西域佛教文化中心之一，因中原有很多僧人来此取经，故有"小西天"之称。对于法显一众艰难跋涉的僧侣来说，这里无疑是疲惫的旅途中一处可以遮风避雨的理想之所。然而，此时的法显心中却十分忧虑，因为这个壮丽的西域国度曾是一位西行求法僧侣的终点。

事实上，西行求法并非法显首创，三国时期的高僧朱士行（203—282），既是汉地第一个正式出家的沙门，也是中国历史上西行求法的第一人。为了求取大乘佛经，魏甘露五年（260），朱士行西渡流沙到达于阗国。朱士行在于阗得到了梵本《放光般若经》，共抄写90章，60余万言。抄写完成后，他想将该经送回洛阳。然而，当时小乘佛教在于阗具有极高的地位，大乘佛教经典虽已传入于阗，但势力尚小。于阗小乘佛教僧徒极力反对和阻挠信奉大乘佛教的朱士行，并劝说于阗王予以禁止。最终朱士行派弟子将佛经带回中原，而自己既不能继续西进，也不能回国，遥望东土，只能默念一句"阿弥陀佛"，于阗成了他人生的终点。在法显之前，西行最远的中国僧人，也就到此为止了。时隔140年，法显也来到了于阗，熟知这段公案的法显，内心忐忑万分。今天这里，是否也会成为他前行的阻碍，他能否克服宗教的分歧将中国僧人的求法之路继续向西延伸呢？此时法显的心中没有答案，他只能向着佛祖默默祈祷。也许是佛祖的感应，法显的心结很快便被他在于阗国的见闻所打开。

089

佛教传入于阗国以后，起初发展较慢，在3世纪以前的正史史料中尚无于阗佛教的记载，当时的于阗国可能还比较盛行萨满教及其他的一些原始信仰。东汉明帝永平十六年（73），班超到于阗国时，"其俗信巫"，而且巫师还要求用班超的坐骑祭神，此时于阗的这种宗教并不是佛教，佛教虽传入但尚未普及。大约从3世纪起，于阗佛教在统治者的推崇和支持下发展迅速，日盛一日，逐渐成为人们信奉和尊崇的主要精神信仰，并很快成为于阗国的国教，寺庙、石窟等佛教建筑开始耸立在这片土地上。据考证，当时于阗具有一定规模的寺院达4000余所，其中大型寺院14座，小塔超过5000座。据《魏书·西域传》记载，于阗国国王非常崇信佛教，每逢佛教"斋日"，必须亲自打扫道路、馈赠食物。

东晋隆安五年（401），法显一到这里，就欢喜地看到，"其国丰乐，人民殷盛，尽皆奉法，以法乐相娱，众僧乃数万人，多大乘学，皆有众食"[1]。此时的于阗国泰民安，土地肥沃，物产丰饶，举国奉佛，香火隆盛。当时于阗国的人口不到10万人，僧众竟达数万人，可见佛教已在普通民众中广泛传播。在佛教教派上，不同于朱士行时期，法显到达于阗国时，此地盛行的已是大乘佛教了，于阗国国王崇奉的也是大乘佛教。据敦煌出土的藏文文献《于阗教法史》记载，于阗国"行大乘法者约如马身之毛，行小乘法者约如马耳之毛，多少之数大约如是"[2]，这一形象的比喻虽略显夸张，但从中可看出，这时于阗国的大乘佛教俨然已在整个信仰领域中占据了统治地位。

不止如此，法显还注意到，这里的民居建筑星罗棋布，家家门口都建有小佛塔，最小的都有2丈多高，其僧房可供游僧居住，并给客僧提供食物及其他的帮助。[3]这些让法显他们大开眼界，从长安到于阗，虽然

---

[1] 章巽著，芮传明编：《〈法显传〉校注 我国古代的海上交通》，上海：复旦大学出版社，2015年，第42页。

[2] 朱丽双：《敦煌藏文文书P.t.960所记守护于阗之神灵——〈于阗教法史〉译注之三》，《敦煌研究》2011年第4期。

[3] 参见章巽著，芮传明编：《〈法显传〉校注 我国古代的海上交通》，上海：复旦大学出版社，2015年，第42页。

库玛尔山

途经很多地方，但还从未见过这么奢华的城市，也从未想到僧人竟会受到这般的尊重。更让法显惊喜的是，他们在这里还受到了国王的款待，国王安排法显一行住在著名的瞿摩帝寺。瞿摩帝寺建在于阗著名的佛教圣地牛头山，即位于和田西南约23千米喀拉喀什河北岸的库玛尔山上。该寺还见于藏文文献《于阗教法史》，传说是于阗国国王尉迟森缚瓦为佛的四位使者修建的。① 这是一所大乘佛教的佛寺，共有3000名僧人，"三千僧共犍槌食，入食堂时，威仪齐肃，次第而坐，一切寂然，器钵无声，净人益食不得相唤，但以手指麾"。3000名僧人同时进食，僧人们修行有素，秩序井然，达到了很高的境界。《法华传记》卷七亦云：

① 参见陈践、王尧编注：《敦煌本藏文文献》，北京：民族出版社，1985年，第256页。

"于阗国有僧伽蓝，名瞿摩帝，是大乘寺，三千僧居，犍槌而食。"这种壮观的场面让法显一行感到震惊并肃然起敬。

除了瞿摩帝寺，法显还到城西七八里外的地方，拜访了一所名为王新寺的寺院。这座佛寺规模更大，历时80年，经三代于阗王的经营方才建成，"作来八十年，经三王方成"。寺塔高25丈，"雕文刻镂，金银覆上，众宝合成。塔后作佛堂，庄严妙好，梁柱、户扇、窗牖皆以金箔"。其他的僧房等建筑，"亦严丽整饰，非言可尽"。斯坦因、羽溪了谛等认为王新寺就是玄奘《大唐西域记》中的娑摩若寺。像这样规模的大寺，于阗还有很多。100年后的《宋云行纪》记载，在于阗东境捍摩城，即汉代拘弥国，城南十五里"有一大寺，三百余众僧。有金像一躯，举高丈六，仪容超绝，相好炳然，面恒东立，不肯西顾。……及诸宫塔乃至数千，悬彩幡盖，亦有万计"[①]。于阗国寺院的富丽堂皇、气势宏伟于此可见一斑。凡此种种，足见佛教在于阗国传播的盛况。

壮观的行像

于阗国最让法显倾心的，则是该国为庆祝佛诞节而举行的盛大的行像大典，佛诞节是传说中佛祖释迦牟尼的生日。释迦牟尼原名乔达摩·悉达多，出生在今尼泊尔境内的迦毗罗卫国。《佛陀本生传》记载，迦毗罗卫国净饭王的摩耶夫人怀孕即将生产，根据当地的习俗，夫人应当回娘家待产。摩耶夫人在回去的途中，经过蓝毗尼园，夫人见园内风景宜人，景色秀丽，便在此停留观赏，结果走到一株无忧树下时，悉达多太子竟从夫人的右胁降生。太子落地后即能独立行走7步，且步步生莲，并有龙给他洗浴，庆贺他的诞生。这个神奇的故事广为传诵，且为佛家弟子所接受。后来佛教弟子将乔达摩·悉达多出生这天定为"浴佛日"，又称为"佛诞节""灌佛会"，以此庆祝佛祖的诞生。关于佛

---

① （北魏）杨衒之撰，周祖谟校释：《洛阳伽蓝记校释》卷五，北京：中华书局，2010年，第172-173页。

诞节的时间，各地并不一致，但无论在哪一天举行，各大佛寺都会举行隆重而盛大的浴佛仪式及放生、行像等庆祝活动，希望佛能够欢喜，从而大发慈悲消除一切灾难，将人们从苦难中拯救出来。

为了庆祝佛祖生日，届时于阗国将举行隆重的抬佛像游行仪式。行像活动是于阗国最为著名的大型佛事活动，倾国而动。法显为了一睹行像大典的盛况，在此留居了3个月，慧景、道整、慧达三人先行西去，向竭叉国进发。在《佛国记》中，法显以激动的心情和优美的笔调记述了这次难得的见闻。从四月一日开始，于阗国都城便扫洒道路，装饰巷陌，整个都城顿时焕然一新，弥漫着浓厚的节日气氛。在都城的城门上也张挂起帐幕，装饰得既严谨又华丽，国王、夫人及宫女都住在里面。行像活动依次进行，最先开始的是瞿摩帝寺，它地位重要，最为国王所敬重。行像队伍从距离王城三四里的地方开始出发，四轮行像车，高3丈多，宛如一座会行走的殿宇，旗幡飘扬，华盖高悬，用金、银、玛瑙、珍珠、玫瑰、琥珀等七宝装饰，光彩夺目，十分壮观。车上立有一佛二菩萨及诸天侍从，以金银雕饰，辉煌壮丽，好一派气壮山河的阵势。高居王位的尉迟家族，可谓不折不扣的佛教徒，行像队伍距城门百步远时，国王便亲自摘掉王冠，换上新衣，赤裸双足，手持华香，准备迎接佛像入城。佛像入城门时，王后和宫女站在王城的门楼上，不停地抛撒花朵，此时的于阗国好似一处佛国仙境。这样隆重的行像仪式，每个寺院各占一天，从四月一日开始至十四日结束，每个佛寺精心准备，争奇斗艳，可谓是"庄严供具，车车各异"①，场面隆重庄严，蔚为壮观。行像结束以后，国王及夫人才回到宫中。

如此规模浩大、气势宏伟的佛事活动，法显一行闻所未闻，见所未见，他们参与了全过程，大饱了眼福，同时亦留下了终生难忘的印象。

---

① 章巽著，芮传明编：《〈法显传〉校注 我国古代的海上交通》，上海：复旦大学出版社，2015年，第42页。

佛国的遗韵

作为丝路南道上的佛教重镇，于阗国境内塔寺林立，梵艺精湛。20世纪以来，在和田境内和邻近地区多次发现佛教寺院遗址。2007年，全国开展第三次文物普查，和田地区就发现了16处佛寺遗址，"佛国"之称名副其实。虽然大多仅剩一些残垣断壁，却是千年前于阗国香火旺盛的见证，看到它们，便可体会到法显当时的激动与欣喜之情。

热瓦克佛寺遗址

在洛浦县吉亚乡以北的茫茫沙丘之上，耸立着一座土塔，当地人唤它为"热瓦克"，即维吾尔语"楼阁"之意，这是和田地区最壮观的佛教遗址。热瓦克佛寺遗址的石碑前有一个硕大的"黄土包"，孤零零地矗立在渺无人迹的沙漠中。站在它前方，目之所及，周围沙丘绵延无垠，地貌奇特，滴水全无，人迹罕至。现在遗址的周围建了一圈木桥，沿着木桥，360度观察着它，让人难以置信，眼前这个千疮百孔的家伙竟然是丝路南道最宏伟壮观的佛塔。

热瓦克佛寺遗址远景

1901年斯坦因在热瓦克佛寺拍遗址的摄照片

　　热瓦克佛寺约建于汉晋时期，一直沿用至唐代。这是一座接近正方形的寺院遗址，中央构筑基座，基座上建造三层圆形佛塔，直径大约有9米，塔周环绕有圆形步廊式礼拜道，礼拜道四周塑有八九十躯浮塑的立佛像，佛像间又穿插有佛、菩萨、天王像等。这些佛像体现了希腊犍陀罗式和印度笈多式的艺术风格。现在，佛塔上部已坍塌，残高尚有3米左右。塔下的基座约有5米，平面呈"十"字形，台阶向四面延伸铺展。周围是东西长49米，南北宽45米的院墙，如今流沙已围堵了院墙，并翻越到院内。

　　1901年4月，斯坦因一行人抵达热瓦克。让斯坦因印象深刻的是嵌在四壁院墙上的硕大无朋的浮雕，其中有佛陀，也有菩萨。在寺院的东南和西南壁上，他们共清理出了91座浮雕，占雕像总数近2/3，最高的达到2.5米以上。斯坦因认为，热瓦克浮雕在风格与工艺细节上与希腊犍陀罗式佛教雕塑存在联系，且比他们在其他地方发现的雕塑遗迹中偶尔观察到的要密切得多。[1]根据发掘情况，斯坦因判断，热瓦克佛寺已经废弃了数个世纪，到伊斯兰教盛行于和田时，寺院废墟已为流沙所埋。东西方文明的碰撞与交融一定让当年见多识广的斯坦因深深震撼。他在回

---

[1]　参见［英］斯坦因著，巫新华等译：《古代和田——中国新疆考古发掘的详细报告》，济南：山东人民出版社，2009年，第546页。

忆录《沙埋和阗废墟记》中写道："这个废墟的巨大考古学价值不在于佛塔本身，而在于佛塔院墙上装饰着的一系列丰富多彩的雕塑像。"[1]

如今流沙掩盖着大部分遗址，尽管周围有很多用芦苇扎设的草方格固沙带，但或许几年之内移动的沙丘便会掩埋整个建筑。虽早已没有了僧侣，没有了晨钟暮鼓，但从废墟中仍可想象得出热瓦克佛寺当年的宏伟壮观。耶鲁大学教授芮乐伟·韩森说："热瓦克佛塔比南道上的其他所有佛塔，包括中日探险队发现的尼雅方形佛塔，都要宏伟壮观，其规模反映出绿洲的财富。"[2]一千多年前，法显来到这里时，想必一定是佛塔高耸，神像林立，壁画放彩……

达玛沟佛寺遗址

无独有偶，和田策勒县的达玛沟佛寺遗址同样令人震撼。2000年3月，一位打柴的维吾尔族青年，在达玛沟南部托普鲁克墩挖柴火的过程中发现了这一遗址，随即便震惊了考古界，考古工作者对这里的佛寺进行了多次发掘。达玛沟佛教遗址主要由托普鲁克墩1号佛寺、2号佛寺和3号佛寺构成，总面积超过1平方千米。

托普鲁克墩1号佛教遗址南北长约2米，东西宽1.7米，面积仅约4平方米，人们习惯性地称其为"小佛寺"，是新疆境内乃至全世界发现的规模最小，保存现状较为完整的佛寺遗址。佛寺中央为一座泥塑莲花座坐佛，坐佛身着赭红袈裟，存肩部以下，头部和双手残缺。四墙一门，四内壁均绘有精美的大乘佛教壁画，"佛寺壁画中的弥勒菩萨、早期毗沙门天、东壁女装菩萨的形象尤为罕见和珍贵"[3]。佛寺始建年代在6—7世纪，说明此时的于阗国仍然流行大乘佛教。站立其中，佛像与人只有

---

① ［英］斯坦因著，殷晴、张欣怡译：《沙埋和田废墟记》，兰州：兰州大学出版社，2014年，第226页。
② ［美］芮乐伟·韩森著，张湛译：《丝绸之路新史》，北京：北京联合出版公司，2015年，第260页。
③ 郭物：《和田考古简史》，上海博物馆编：《于阗六篇——丝绸之路上的考古学案例》，北京：北京大学出版社，2014年，第51页。

达玛沟佛教遗址大门

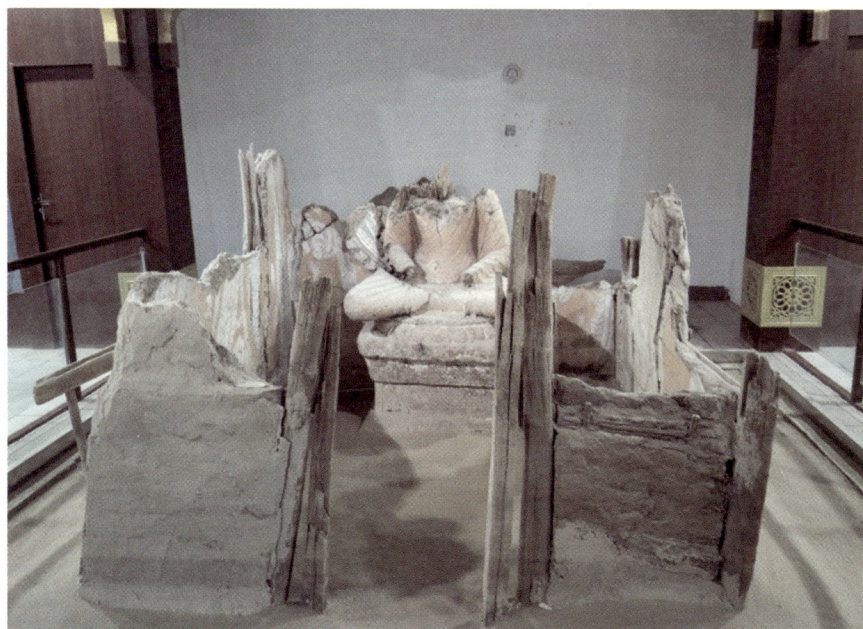

托普鲁克墩1号佛寺遗址

①喀拉墩遗址千手千眼观音壁画残片
②托普鲁克墩2号佛寺遗址出土的擦擦
③托普鲁克墩2号佛寺遗址出土的汉装行列供养人壁画

咫尺之距。一千多年前的古人，竟可以如此近地面对佛像，虔诚地行膜拜之礼。

托普鲁克墩2号佛寺遗址位于1号佛寺遗址西约70米处，从形制布局看，属于回廊像殿，这种佛殿在于阗、焉耆以及疏勒地区流行，时代为6—9世纪。这里出土有回廊千佛壁画残块、毗卢遮那佛木版画、擦擦等文物。3号佛寺遗址位于2号佛寺遗址西北部，规模与2号遗址相当，极有可能是寺院僧人起居、学习、论经的场所。遗址为庭院廊道布局，平面呈"凹"字形。值得一提的是这里出土的壁画虽然数量众多，但其内容多涉及的是世俗题材，很少佛教题材。其中有当地贵族或者官员的形象，还有唐代内地人的形象，比如着唐装的男性壁画，其衣着和相貌貌似大家想象中的李世民或者李白。现在2号和3号遗址外建有保护棚，既有利于参观，也能更好地保护遗址。

在达玛沟佛教遗址博物馆中收藏有喀拉墩遗址出土的千手千眼观音壁画残片。观音面如满月，左侧一只手里，举着仅存一半的圆形物体，圆中间画有一只小动物，有人说它是于阗国的守护神——鼠王。千手千眼观音是佛教密宗中最重要的菩萨之一，也是人们最敬奉，在佛教密宗艺术中塑造、绘制最多的菩萨，喀拉墩遗址千手千眼观音像的发现说明新疆密教流行可能比中原早。

托普鲁克墩2号、3号佛寺遗址远景

库玛尔山佛寺遗址

"瞿摩帝"伽蓝是当时著名的佛寺之一。《法显传》记载："国主安堵法显等于僧伽蓝。僧伽蓝名瞿摩帝，是大乘寺，三千僧共犍槌食。"[①]这座寺院奉大乘佛教，也得到了国王的敬重。此寺院建于东汉时期，法显到来时这里佛法昌盛，僧徒云集。7世纪，玄奘自印度求法归来滞留于阗时也曾拜访过这座伽蓝，即《大唐西域记》中记载的佛教圣地"瞿室陵伽山"。学界一般认为法显在于阗安身的"瞿摩帝"与玄奘所记的"瞿室陵伽山"有着密切的关系，都是指今天和田的库玛尔山。

库玛尔山距今和田市区23千米，由于山势奇特，两峰突起犹如牛角，因此又被称为"牛角山"，也是"瞿室陵伽山"的意译，是佛界的名山。喀拉喀什河自南向北绕山而行，气势壮观。山上建有一座佛寺，相传是释迦牟尼"为诸天、人略说法要"的地方，佛寺旁有"大石室"，住着一位"入灭心定、待慈氏佛"的真正的阿罗汉。这座佛寺可能是今天的库克玛日木石窟，洞窟坐落在半山腰上，洞口朝南，分为上下两层，两洞之间靠木梯连通，下层是人工雕琢的拱形样式，高2—3米，纵深11米，上层是天然的锥形样式，宽2.5米，长4米，高5米左右，默默地俯视着喀拉喀什河。洞中有明显的烟熏痕迹，其附近曾发现过石膏片、红陶片、炼渣等遗物。如今这里已是圣人马赫布霍加的麻扎，是和田穆斯林们朝觐的圣地。根据三普[②]资料考察显示，目前遗存应属于唐时期的石窟遗址，因此也有学者指出，根据法显的记载，该寺有3000名僧人，规模很大，不会建在山边，则应为距牛头山寺近而又比较开阔的台地上。[③]但无论如何，这里佛事兴盛的场景一直延续到五代至宋。在法显之后，这里几经变迁，最终留存下荒废已久的石室洞，供后世参观。

---

① （东晋）法显撰，章巽校注：《法显传校注》，北京：中华书局，2008年，第12页。
② 三篇佛教经文的合称，即《华严经》中的《普贤菩萨行愿品》、《法华经》中的《观世音菩萨普门品》和《圆觉经》中的《圆觉普眼品》。
③ 参见孟凡人：《尼雅遗址与于阗史研究》，北京：商务印书馆，2017年，第305页。

库克玛日木石窟

　　1900年，英国探险家斯坦因来到库玛尔山，除了一览中国古代高僧停留过的佛教圣地，著名的"杜特雷伊·德·兰斯手稿（德兰写本）"的发现地更让他感兴趣，这种古代印度佉卢文桦树皮书页手稿残片总是能勾起探险家的欲望。古印度人以桦树皮和贝叶为书写材料，佉卢文抄写的《法句经》是目前所知最早的佛经抄本。佛经抄本一般为婆罗米文以及佉卢文两种抄本，而佉卢文的抄本在2—4世纪，对于桦树皮这种极不善于保存的书写材料，这份佛经抄本极为珍贵。19世纪末叶，俄国驻新疆喀什总领事彼得洛夫斯基在和田附近买到一部写在桦树皮上的佉卢文《法句经》抄本，随后被劫往俄国藏于圣彼得堡。1890年，在法国政府的派遣下，制图学家德兰和东方学家格勒纳带领考察队来我国新疆、西藏等地考察。1892年，德兰到达和田，在当地村民手中买了不少的汉佉二体钱以及《法句经》的三张残页、一些残片。德兰所购买之物就出自库玛尔山上的寺院遗址，[①]被学界称为"德兰写本"，是研究佉卢文以及佛教的重要资料之一。

---

① 林梅村：《西域文明——考古、民族、语言和宗教新论》，北京：东方出版社，1995年，第405-406页。

101

库克玛日木石窟的石室洞

　　塔克拉玛干沙漠千年的风沙，没有掩埋历史和现实之间千丝万缕的联系。和田地区陆续发现的佛教遗址，验证了法显所记录的于阗举国崇佛的盛况。在那个遥远的年代里，这里佛塔高耸，神像林立，壁画放彩，高僧说法，钟声齐鸣，诵经之声不绝于耳，信徒蜂拥而至，顶礼拜佛，香火隆盛。置身于此的法显，心中该是多么的激动与欣喜。在过去的岁月，是这些佛寺点燃了法显和于阗国子民们的精神火炬，为他们的精神世界注入了阳光。于阗国的信徒怀着崇尚敬畏的心情，匍匐在佛脚下，乞求佛陀保佑，把美好的愿望寄托于来世与天国。而于阗浓厚的佛教氛围，则是支撑法显继续西行求法的莫大动力。山的那边就是法显多年来魂牵梦萦的佛国，他仿佛听见，佛祖在轻轻召唤他的弟子。虽然中土僧人还无一人从天竺求得真法，但此时的法显却誓要做第一人，前方的旅程，哪怕粉身碎骨，也无怨无悔，任何困难都不能阻挡他前进的脚步。于阗，曾经是朱士行的终点，现在则成了法显继续前行的新起点。

逾越葱岭：异域风光初显

告别金色广袤的沙漠，法显一行人即将翻越绵延高挺的雪山。于阗国观行像的记忆还在回味，在竭叉国又恰逢五年大会。翻越葱岭，法显一行人便到达彼岸，亦真正步入佛陀时代。

行走在于阗古道

法显西行的队伍在于阗国时兵分两路，慧景、道整、慧达先行出发去竭叉国，法显等人留下观行像。之后，僧绍一人随胡族僧人前往罽宾国[①]，法显、慧应、宝云、僧景等西行经过子合国、于麾国，到达竭叉国与慧景等会合。

据学者研究，子合国相当于今天喀什地区叶城县西南约55千米的棋盘乡，于麾国相当于今天叶尔羌河中上游一带，竭叉国相当于今天塔什库尔干塔吉克自治县。如是，法显从于阗国到翻越葱岭抵达北天竺陀历国的路线大致为今天的和田—皮山—棋盘—塔什库尔干—明铁盖达坂—罕萨—吉尔吉特—达丽尔。[②]

这条路线可分为于阗西道、于阗南道。于阗西道，《新唐书·地理志》有较为详细记载：

> 于阗西五十里有苇关，又西经勃野，西北渡系馆河，六百二十里至郅支满城，一曰碛南州。又西北经苦井、黄渠，三百二十里至双渠，故羯饭馆也。又西北经半城，百六十里至演

---

① 罽宾国：即今天的克什米尔地区，当时盛行小乘佛教，是一切有部阵地。鸠摩罗什年少时于罽宾国跟随法师盘陀达多学习小乘佛教。
② 由于《法显传》记载简略，学者们对部分古今地名及路线未有一致意见，这里主要参考孟凡人：《丝绸之路史话》，北京：社会科学文献出版社，2011年；余太山：《关于法显的入竺求法路线——兼说智猛和昙无竭的入竺行》，《欧亚学刊》第六辑，北京：中华书局，2007年。

苏勒尕孜牙廷姆烽火台①

渡州，又北八十里至疏勒镇。自疏勒西南入剑末谷、青山岭、青
岭、不忍岭，六百里至葱岭守捉，故羯盘陀国，开元中置守捉，
安西极边之戍。②

引文中地名多不可考。③今和田县至皮山县段有买力克阿瓦提古
城、库克玛日木方城、苏勒尕孜牙廷姆烽火台等遗存分布。其中，买力
克阿瓦提古城位于和田县吐沙拉乡，地处买力克阿瓦提村南玉龙喀什河
西岸台地上，西为高大沙山，南为昆仑山。1929年考古学家黄文弼到该
古城，1957年公布为自治区级文物保护单位。四周已不见城墙痕迹，发
掘出陶片、五铢钱、碎玉等文物。

于阗南道，即皮山至棋盘段，有鄂加克保依古城、石头城、公主
堡等遗存分布。其中，鄂加克保依古城位于塔什库尔干塔吉克自治县达
布达尔乡塔什库尔干河东岸二级台地上，西南与公主堡及山下的古丝路

---

① 苏勒尕孜牙廷姆烽火台位于和田地区皮山县木奎拉乡达里格村，该烽燧地处苏勒尕
孜牙干沟西岸，地表为沙漠，现仅存一座土台，直径16.5米，高2米，基础部分用黄
土垒砌，上部用土坯砌筑。参见新疆维吾尔自治区文物局编：《新疆维吾尔自治区
长城资源调查报告》上册，北京：文物出版社，2014年，第90页。
② （北宋）欧阳修、宋祁等撰：《新唐书》卷四三，北京：中华书局，1975年，第1150
页。
③ 参见孟凡人：《丝绸之路史话》，北京：社会科学文献出版社，2011年，第149-152
页。

左图为鄂加克保依古城平面图，右图为石头城北墙及马面[1]

道相邻，东南为中巴公路，地处交通要道。古城基本为南北走向，周长644米，可见有城垣墙基，可辨房屋遗址38间，城内无明显文化堆积，零星分布少量陶片，有夹砂红衣灰陶、夹砂红陶等，据全国第二次文物普查推测年代为东周至唐。石头城位于塔什库尔干塔吉克自治县县城北400米处，地处阿法尔斯亚夫山和塔什库尔干河西面的高丘上。20世纪初，英国斯坦因探险队到过该古城，2001年公布为全国重点文物保护单位。古城由城墙、城门、寺院居住遗址和清代城堡等部分组成，面积约10万平方米，呈不规则四边形，现四面墙壁保存尚好。城东有寺院遗址，城西和城东南有居住遗址，城内有零星陶片分布。石头城应属于唐代竭盘陀国故址，是中原各王朝与中亚、西亚以及南亚各国交通的必经之地，在历史上为繁荣中西交通起过重要作用。[2]

　　自西汉到清代乾隆时期，帕米尔一直在中国版图之内。两汉时期游牧在帕米尔附近的羌族和塞种受到西域都护府的管辖，1959年沙雅县出土的"汉归义羌长印"，即是受汉朝统治的佐证。清朝后期塔什库尔干

---

① 新疆维吾尔自治区文物局编：《新疆古城遗址》，北京：科学出版社，2011年，第283、285页。

② 参见新疆维吾尔自治区文物局编：《新疆古城遗址》，北京：科学出版社，2011年，第283-284页。

地区一度被中亚浩罕汗国侵占，清朝将领刘锦棠率军击退侵略者，为收复新疆作出巨大贡献。①

参加竭叉国大会

法显一行人由于阗历经25日到达子合国。帕米尔地区子合国等地的土著居民为羌氏的游牧部落，之后被塞种人征服，逐渐融合。② 《汉书·西域传》已有关于子合国的记载，之后史籍记载名称屡有变更。唐代玄奘取经回国时途经的斫句迦国即子合国。《大唐西域记校注》指出斫句迦国"《后汉书》和《法显传》作子合国，《洛阳伽蓝记》卷五作朱驹波，《魏书》作悉居半，《大方等大集月藏经》作遮俱波，《南史》作句般，《新唐书》作朱俱波或朱俱槃"③。

子合国国王精进于佛法，其国有僧众千余人，多属大乘佛教。法显等在子合国停留15日后，南行4日，进入葱岭，到达于麾国，并在此夏坐，系法显西行后第三年即401年之夏坐。夏坐后，法显等行25日抵达竭叉国，与慧景等会合。竭叉国同样位于葱岭之中，"其地山寒，不生余谷，唯熟麦耳"④。通常该国僧人夏坐结束就已霜降，国王每次大会则令众僧麦熟后受岁⑤。

在竭叉国，恰逢国王举办的般遮越师，即五年大会。日本学者足立喜六《〈法显传〉考证》引《阿育王敕谕》提及般遮越师："在朕领属内忠良之臣民及外国人，须每五年参集于大会，宣扬如下之达磨（胜法），征服不名誉之行为。曰：顺乎父母为本善。对于朋友、知己、亲

---

① 参见苏北海：《西域历史地理》，乌鲁木齐：新疆大学出版社，2000年，第509-513页。
② 参见王文利、周伟洲：《西夜、子合国考》，《民族研究》2010年第6期。
③ （唐）玄奘、辩机著，季羡林等校注：《大唐西域记校注》卷一二，北京：中华书局，2000年，第998页。
④ 章巽著，芮传明编：《〈法显传〉校注 我国古代的海上交通》，上海：复旦大学出版社，2015年，第46页。
⑤ 受岁：僧徒每年夏坐结束，为增一法腊，称作受岁。

族、婆罗门、沙门之美行为仁爱。骄奢暴言，则非善行。大会主司者，须依照戒及事例，以指导集会者。"①这段引文阐述了古印度孔雀王朝阿育王时期的般遮越师精神内涵及仪式。竭叉国大会时，国王请四方沙门云集国内，"庄严众僧坐处，悬缯幡盖，作金银莲花，着缯座后，铺净坐具"②。国王和群臣多在春天供养众僧，或一月、二月、三月。大会结束，国王复劝诸臣进行供养，或一日、二日、三日、五日。诸臣供养结束后，国王以所乘马，"鞍勒自副，使国中贵重臣骑之，并诸白叠、种种珍宝、沙门所须之物，共诸群臣，发愿布施。布施已，还从僧赎"③。可见，般遮越师是国王主持、群臣参与供养僧众的大会。《法显传》的描述将国王举办的五年佛教大会法相庄严、法器辉煌之情景展现得淋漓尽致，正如东晋高僧道安所言"不依国主，则法事难立"④，在竭叉国国王对佛教的鼎力支持下，该国佛教昌明隆盛。

竭叉国有僧众千余人，尽是小乘佛学。国内有石制佛陀唾壶，颜色与佛钵相似。《高僧传》记载，秦弘始六年（404），僧人智猛招集同志沙门15人从长安出发西行求法，智猛在奇沙国也曾见到佛陀唾壶，⑤这里的奇沙国即是法显所到的竭叉国。

自于阗一路西行至竭叉国，法显对葱岭以东的风俗与物产总结道：普通民众的服饰除毡褐外与中原大致相同，而沙门法用⑥愈加丰富，不可

---

① ［日］足立喜六著，何建民、张小柳译：《〈法显传〉考证》，贵阳：贵州大学出版社，2014年，第49页。

② 章巽著，芮传明编：《〈法显传〉校注 我国古代的海上交通》，上海：复旦大学出版社，2015年，第46页。庄严，佛教常用语，谓以功德来饰身或以美装来饰物。

③ 章巽著，芮传明编：《〈法显传〉校注 我国古代的海上交通》，上海：复旦大学出版社，2015年，第46页。白叠，棉布之古称。

④ （南朝梁）释慧皎撰，汤用彤校注，汤一玄整理：《高僧传》，北京：中华书局，1992年，第178页。

⑤ 参见（南朝梁）释慧皎撰，汤用彤校注，汤一玄整理：《高僧传》，北京：中华书局，1992年，第125页。

⑥ 法用：佛教用语，亦称法要，指僧众举行法会时之重要仪式，包括：一曰梵呗，即颂偈赞叹佛德；二曰散华，即散花烧香以供养佛；三曰梵音，即唱偈以净音供养佛；四曰锡杖，即唱偈而振锡杖。参见章巽著，芮传明编：《〈法显传〉校注 我国古代的海上交通》，上海：复旦大学出版社，2015年，第48页。

具记；自葱岭往前，除竹、安石留、甘蔗三物，其余草木果实皆与中原不同。安石留，即安石榴、石榴。石榴的原产地是伊朗及其附近国家，是在伊朗多石的地上自然产生的，尤其是在波斯的古尔的斯坦、俾路支斯坦和阿富汗等地的山区里，[①]后逐渐向外传播。至于石榴何时传入中国，不得而知，4世纪以后史书中才有石榴树的记载，相传是西汉张骞出使西域时带回国内。现今喀什地区的叶城县所产石榴品种多且品质优良，故享有"石榴之乡"的美誉，大概与《法显传》中所言"石留"亦有渊源关系吧。

征服葱岭大雪山

葱岭，《汉书·西域传》颜师古注引《西河旧事》云："其山高大，上悉生葱，故以名焉。"[②]即今天的帕米尔高原。天山、兴都库什山、昆仑山、喀喇昆仑山等由此向外延伸，是显著的高寒区域。这里山峰与谷地交错相列，山高一般在4000 5000米，少数山峰达到7000米以上，如慕士塔格峰海拔7509米、公格尔峰海拔7649米，与公格尔九别峰并称为帕米尔高原三大峰。其中，慕士塔格峰"山体浑圆，状似馒头，常年积雪，冰山地貌发育突出，有山岳冰山之父之称"[③]。如今位于帕米尔东部、喀喇昆仑山北部的塔什库尔干塔吉克自治县年平均气温仅3.3度，年均降水仅68

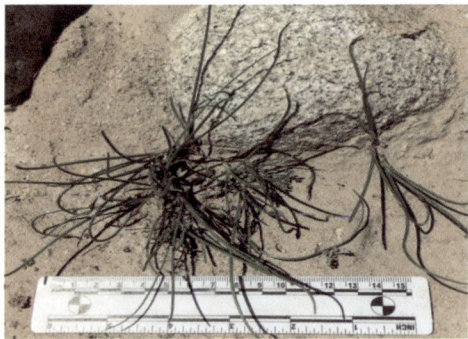

顽强地生长在帕米尔高原的野葱

---

① 参见［美］劳费尔著，林筠因译：《中国伊朗编》，北京：商务印书馆，1964年，第101页。

② （东汉）班固撰：《汉书》卷九六，北京：中华书局，1962年，第3871页。

③ 中国地图出版社：《中国分省系列地图册——新疆》，北京：中国地图出版社，2016年，第19页。

慕士塔格峰

毫米，属寒温带干旱气候。气候条件的恶劣，无疑增加法显一行的行进难度。

据《汉书·西域传》记载，出玉门关、阳关后通往西域有南北两道，"南道西逾葱岭则出大月氏、安息"，"北道西逾葱岭则出大宛、康居、奄蔡焉"。[①]如是，葱岭成为丝绸之路的交汇点。

葱岭特殊的地理位置，自古就是连接东西的要道，乃至兵家必争之地。早在张骞出使西域时，就曾翻越葱岭到达大月氏国，在无数艰辛备至之后，打通了西汉通往西域的道路，而后诸国使者也通过葱岭孔道陆续进入中原。除过往使者的身影，这里也充满了战马的嘶鸣。太初元年（前104），汉武帝对汗血宝马的梦寐以求伴随着贰师将军李广利的军队越过葱岭，前往大宛（今费尔干纳盆地）。李广利一行人最艰辛的莫过于翻越葱岭，从今喀什出发穿过葱岭的北部，登山至伊克什坦

---

① （东汉）班固撰：《汉书》卷九六，北京：中华书局，1962年，第3872页。

莫高窟第323窟张骞出使西域图 ①

木，由此分道，向西北经过古里察、奥什入费尔干纳盆地。②此后，高呼着"明犯强汉者，虽远必诛"的陈汤远击郅支单于时，与甘延寿二人率四万大军，分为六部，陈汤率三部沿丝路南道越过葱岭，穿过大宛，另三部由甘延寿带领，从温宿国（今阿克苏）出发，沿北道穿过乌孙，赴热海（今伊塞克湖）西岸，两部协作，最终斩杀郅支单于，扬大汉之威。

　　魏晋以降，佛法兴盛，葱岭成为僧侣前往印度求法的重要经行地。法显等人翻越葱岭的路线，在塔什库尔干塔吉克自治县境内，除经过明铁盖达坂外，与之对应的东南方向还有红其拉甫山口。红其拉甫山口是国家对外开放的一类口岸，被称为古丝绸之路的"红色国门"，海拔约

① 敦煌文物研究所编：《中国石窟·敦煌莫高窟》第3卷，北京：文物出版社，2011年。
② 赵汝清：《从亚洲腹地到欧洲——丝路西段历史研究》，兰州：甘肃人民出版社，2006年，第178页。

帕米尔高原瓦罕吉尔达坂

4730米，其山脊线即中国与巴基斯坦边境线，并排矗立着两个标志有中国国界的七号界碑。作为世界上海拔最高的口岸，恶劣的气候使得这里每年5—11月开放，海拔近5000米的"前哨班"多次在春晚向全国人民拜年。[①]

　　法显之后，516年，在北魏政府的派遣下，宋云、慧生一行人前往西域求佛。根据《洛阳伽蓝记》的记载，宋云一行人自洛阳出发，横穿青海省沿"河南道"过柴达木盆地到达鄯善，又经于阗至今塔什库尔干附近越葱岭，"八月初入汉盘陀国界。西行六日，登葱岭山。复西行三日，至钵盂城。三日至不可依山，其处甚寒，冬夏积雪。……自此以西，山路敧侧，长阪千里，悬崖万仞，极天之阻……自发葱岭，步步渐高，如此四日，乃得至岭。依约中下，实半天矣……葱岭高峻，不生草

[①]　参见中国地图出版社：《中国分省系列地图册——新疆》，北京：中国地图出版社，2016年，第18页。

红其拉甫口岸

木。是时八月，天气已冷，北风驱雁，飞雪千里"[1]。足见葱岭之艰险以及恶劣的气候环境，宋云一行或许正是在法显精神的鼓励之下，翻过了这地势惊险、气候恶劣的葱岭高原，离心中的佛国圣地更近一步。

前述于麾国、竭叉国皆在葱岭山中，高寒的气候，使得"冬夏有雪"。法显提及葱岭"又有毒龙，若失其意，则吐毒风、雨雪、飞沙砾石。遇此难者，万无一全"[2]。所谓"毒龙"就是雪崩，其路途艰险可想而知。幸运的是，法显等人历经一个月安全翻越葱岭。

当法显翻越葱岭后，面临的将是一个他向往已久的佛国世界，这一点他或许比任何人都清楚。

---

① （北魏）杨衒之撰，尚荣译注：《洛阳伽蓝记》卷五，北京：中华书局，2012年，第357—358页。

② 章巽著，芮传明编：《〈法显传〉校注 我国古代的海上交通》，上海：复旦大学出版社，2015年，第48页。

初入

佛国

　　这是一个西行求法的时代，西行高僧不乏其人。在法显以前，到达西域佛国于阗、龟兹者已有朱士行、支法领等人。但葱岭以其山高水寒阻挡了不少人的脚步。法显一路西去南下，进入北天竺时，他的同行者已经不多。他们中有的至焉耆而返，有的则病故在小雪山的高山恶水中了。经历漫长的旅途，法显一行终于走出葱岭。白沙瓦平原使人豁然开朗，犍陀罗的佛教之光亦能慰藉人们的心灵。

天竺初印象

根据《佛国记》的相关记载可知，法显在翻越葱岭进入北天竺之后，以游历的形式拜访了北天竺十国中的七个国家，分别是陀历国、乌苌国、宿呵多国、犍陀卫国、竺刹尸罗国、弗楼沙国、那竭国，在度过小雪山之后又依次游历其余三国，即罗夷国、跋那国和毗荼国。

天竺第一站：陀历国

进入北天竺的道路在5世纪前后发生了变化。因此，在选择进入天竺的道路时，法显未像玄奘一样从伊塞克湖旁的热海道绕行至巴米扬，而是选择了跨越喀喇昆仑山的陀历道。前面我们提到陀历国（今克什米尔西北部印度河北岸达地斯坦之达丽尔）地处交通要道，这正是陀历道。

目前有关陀历道的资料较少，但根据法显的记述可以推测，其在塔什库尔干河与印度河上游支流交界处的达雷尔河谷，而达雷尔河谷在中国典籍中被称为陀历道。陀历国故地在今天印度河上游的达地斯坦一带，南北交通的山道经过这里，是为陀历道。陀历道在中古前期起到了沟通中西的重要作用，在法显之前，后燕僧人支昙猛前往天竺取经，就沿陀历道归国。中古后期，进入北天竺的道路发生变化，穿越喀喇昆仑山的交通衰落了，绕行兴都库什山的路线兴起了。

跨越葱岭，法显首先进入了北天竺的陀历国。他终于超越了前人的脚步，踏入了他梦寐以求的佛国，成为了历史上第一个翻越葱岭到达北天竺的中国僧人。法显以后的数百年中，陆续有中原僧人来北天竺朝圣，陀历国地处交通要道，往往是他们翻越葱岭后停驻的第一站。

法显历经艰险初入佛国，所停驻的第一站陀历国却奉行小乘佛教，让寻求经律的法显顿感失落。但佛国的弥勒像却使法显眼前一亮。

　　法显在这里观览到一尊木雕弥勒佛像，"长八丈，足座八尺，金色晃晃"。传说为了使雕刻的佛像逼真，罗汉运用神通将巧匠送上兜率天的天上幻境，让他亲眼观察弥勒菩萨的样貌，前后观察了三次才雕刻而成。

　　据法显的记载，这尊弥勒佛像是在佛陀涅槃后300年左右建的，当时正是中国周平王时期。法显认为，在佛像建成以后佛教才开始走出天竺，传向世界，所谓"自立弥勒菩萨像后，便有天竺沙门赍经律过此河者。像立在佛泥洹后三百许年，计于周氏平王时。由兹而言，大教宣流，始自此像"①。法显由此认为佛教流传开始于此尊弥勒像。遗憾的是，此像今已不存。

　　而对于佛法传入中国的时间，《三国志·魏书·乌丸鲜卑东夷传》卷末裴松之注引鱼豢《魏略·西戎传》记载："昔汉哀帝元寿元年，博士弟子景卢受大月氏王使伊存口授《浮屠经》。"②浮屠就是佛陀的早期译语；《浮屠经》即佛经。《魏书·释老志》亦云："哀帝元寿元年，博士弟子秦景宪受大月氏王使伊存口授《浮屠经》。中土闻之，未之信了也。"③受经人秦景宪应为景卢，此为传抄之讹。关于博士弟子景卢接受大月氏使者伊存口授佛经的记载，除《魏略·西戎传》《魏书·释老志》外，尚有《世说新语·文学》《隋书·经籍志》等。从"中土闻之，未之信了也"分析，这时佛教并未受到中原人士的信仰，但一般认为这是佛教传入中国的最早记录，史称"伊存授经"。《法显传》中"汉明帝之梦"则取《后汉书》记载的"汉明帝梦金人"这个更广为流传的故事为佛教在中国的开端。在东汉永平七年（64）的某一日，汉明帝于睡梦中见到一位金人在大殿之前做飞舞之状，汉明帝于

---

① 章巽著，芮传明编：《〈法显传〉校注 我国古代的海上交通》，上海：复旦大学出版社，2015年，第49页。
② （西晋）陈寿撰：《三国志》卷三〇，北京：中华书局，1982年，第859页。
③ （北齐）魏收撰：《魏书》卷一一四，北京：中华书局，1974年，第3025页。

是在第二天解梦于诸位大臣，太史傅毅对汉明帝言："我听说西方天竺国有一位得道的神，被称为'佛'，他可以不借助外力而悬空飞舞，并且全身环绕着金光，或许您梦中所见的金人就是这位佛吧！"汉明帝遂于第二年遣人出使西域，并在3年后请来了大月氏国高僧摄摩腾、竺法兰，白马驮经，到洛阳宣讲、翻译佛经，佛教正式开始在中国传播开来。

虽然佛法东传始自弥勒像的说法并非定论，但200余年后玄奘在《大唐西域记》中也有类似的记载，可见这一说法盛行一时。

新头河的艰险与信仰

由于陀历国只有小乘佛教的流传，所以法显在陀历国并未久留。他穿过陀历国后沿着山脉向西南方向行进，来到了新头河岸。新头河即今天的印度河，河岸的悬崖"壁立千仞，临之目眩。欲进则投，足无所下"。如此艰苦恶劣的环境中，悬崖上只有前人凿出的石梯小道供人踩踏前进，稍有不慎便会落入千丈悬崖，掉入新头河的汹涌河水中。法显一行沿着悬崖上的石梯蹒跚前行，又踩着河上的绳桥艰难地过了河。渡河艰难，法显不由感慨："九译所绝，汉之张骞、甘英皆不至！"

这里的"九译所绝"，是指语言经过辗转翻译也无法传达的边远地区，语出《史记·大宛列传》。这是张骞第二次出使西域前劝说汉武帝的话，"且诚得而以义属之，则广地万里，重九译，致殊俗，威德遍于四海"[1]。张骞的第二次出使本想前往身毒（印度），不料派出四支队伍接连受阻，未达身毒而先后返回。不久后甘英受班超之命出使大秦，从龟兹出发，过疏勒，越葱岭，经大宛、大月氏到安息，最后抵达条支，在安息西海沿岸（今波斯湾）因航船环境恶劣也不得不放弃前行。张骞与甘英在中国对外交通史上有巨大的贡献，但二者未到达过印度。

---

① （西汉）司马迁撰：《史记》卷一二三，北京：中华书局，2013年，第3844页。

法显的感叹其来有自，他到达了张骞、甘英皆不能至的地方，成为第一个通过陀历道进入天竺的求法僧人。

《洛阳伽蓝记》记载："铁锁为桥，悬虚为度，下不见底，旁无挽捉，倏忽之间，投躯万仞，是以行者，望风谢路耳。"[1]在这样恶劣的环境下，人们不由得思考自己的信仰。印度佛教起源于前6世纪，最初是靠释迦牟尼的弟子僧团四处游历、讲经诵法传播教义，但效率较低。前269年，中天竺孔雀王朝的第三代国王阿育王登基。他用武力统一了整个南亚次大陆和阿富汗部分地区，使印度成为一个空前强大的君主专制帝国。然而晚年的阿育王对自己早年的杀戮戾气深感悔悟，于是放下屠刀，开始在国内全力推广佛教，并派遣僧人到边远地区和周边国家传教。在阿育王死去时，共修了84000

贵霜佛像（最具希腊风格的造像）[2]

---

① 范祥雍：《洛阳伽蓝记校注》，上海：上海古籍出版社，1978年，第298页。
② 孙英刚、何平：《犍陀罗文明史》，北京：生活·读书·新知三联书店，2018年，第17页。
③ 许林文二、陈师兰：《印度朝圣之旅·桑奇佛塔》，海口：海南出版社，2012年，第14页。

阿育王佛塔③

座佛舍利塔，佛教徒已经遍及印度各地。佛教成为一国的国教，并开始走出印度。之后影响力大增的佛教在北天竺——当时称之为贵霜王朝的大月氏国，与希腊派的造像艺术结合后，产生了大量的佛塔及佛教造像，尤其是大佛塑像，为佛教的信仰提供了具体的形象和祭拜讲经场所，佛教终于得以发展和兴盛，并逐渐向外国传播开来。

贵霜王朝佛塔[①]

　　佛陀诞生约为前566年，涅槃于前486年，比孔子稍晚7年。非常巧合的是，前500年前后是一个十分特殊的时期，从前800年到前200年，全世界的文明国度几乎同时诞生了无数著名的、至今仍有极大影响的思想家，如古希腊的哲学家、犹太教的先知、印度的佛教学者和中国的诸子百家。雅斯贝尔斯在他的《历史的起源与目标》中将这种几大文明同时出现的文化突破现象称为"轴心时代"。他在《历史的起源与目标》中说道："在公元前800年至前200年的时段里，人类在精神领域感受到了前所未有的张力，他们对以往司空见惯和被认为理所当然的东西提出了质疑，创造了能够指引现代人走向历史最终目标的文化遗产。"轴心时代"哲学的突破"是各文明人类的思想超越了原始的人神关系，自觉并理性地从时间和宇宙论上反思自己之所在，反思人与自然、天、世界的关系，反思人与人的关系，并试图从这些反思的观点中形成自己的

①　［意］卡列宁编，魏正中译：《犍陀罗艺术探源》，上海：上海古籍出版社，2015年，第8页。

存在。虽然这样的思考在人类的发展中始终存在，但在前500年左右，当时人们这种认识所达到的层次之高是前无古人，后无来者的。本杰明·史华慈认为轴心时代的出现有一个共同点：超越的倾向。超越的倾向是一种对现实的批判与反思的质疑，以及对"彼岸世界"的一种新的看法。西方更倾向于外向超越，如古希腊哲学对外部物质世界的解释，而东方更倾向于内向超越，如道、儒、法家对人心本质的辩论，以及佛教对人自身的善恶轮回思考。对于轴心时代的巧合出现的原因，如今比较受尊重的说法是在这个时期，当时世界上重要的各个文明所在地的社会环境出现了较大或者说是颠覆性的变化，如春秋时期铁器时代的来临，礼崩乐坏、诸侯并起，促使了百家思想争鸣；前1000年古印度恒河流域发生了"第二次城市化"，生产力的极大发展与原始的婆罗门教思想的冲突可能引发了佛教等宗教的出现。至今人类社会的每一次新的飞跃都是基于轴心期潜力的回归与苏醒。在硝烟四起的东晋十六国时期，法显想必也在思考人与世界的关系时遇到困惑，才会誓志寻求天竺真经。法显的西行之路，不仅是在地理上趋向天竺佛国，更是在精神上倾向轴心的天人思想。

圣迹所示：从乌苌到竺刹尸罗

法显沿着印度河河谷南下，游历北天竺。僧侣西行，一来为求得佛法，二来也在巡礼圣迹。圣迹崇拜是佛教仪轨中的重要组成部分。

圣迹崇拜：乌苌国

在佛法盛行的乌苌国（今巴基斯坦北部斯瓦脱河流域），约有500座寺庙，而法显也曾于此夏坐。他见到了佛陀遗留的足迹、晒衣石和度恶龙处。佛教徒极为推崇对佛陀足迹的信仰，法显所见该足迹是佛陀在将入涅槃之前留下的。当时佛陀站在大方石上回头对弟子阿难说："这是我最后望着金刚座和王舍城方向所留下的足迹了。"佛的脚趾上的"卍"字纹象征火和光明，双鱼象征解脱，宝瓶象征智慧，海螺象征布道，金刚钩象征护法，足印掌心还有千辐轮相。这些纹饰系佛的功德所感，自然生成的。法显还亲手丈量了佛陀足迹，长度可长可短，随着人心变化而不同，不禁让人赞叹不已。

佛陀足印①

法显也看见了晒衣石，即佛陀晾晒袈裟的地方，该晒衣石高1丈4尺，宽2丈多，一边极为平整，甚是晒衣好地。莫高窟第323窟壁画亦有对晒衣石的相关描述，图中左下方有一块四角方石，二位天人正在洗衣，而其旁却有一位腰缠腰布的外道在跳踏方石。据壁画的题榜所言，这表现的是佛陀晒衣之际，天化作晒衣之石，其石有13条石纹。而在此

莫高窟第323窟壁画佛陀晒衣石②

---

① 孙英刚、何平：《犍陀罗文明史》，北京：生活·读书·新知三联书店，2018年，第455页。

② 林保尧：《敦煌艺术图典》，台北：艺术家出版社，1991年，第286页。

上方，有昏倒于石旁的外道与乘着黑云的雷神，表现的则是雷神以其雷电调伏污损圣石的外道。

另有度恶龙处，传说深通咒术的殑祇守护此地，使风调雨顺，然而由于百姓逋逃课税，他含怒发愿，希望化为毒龙，"暴行风雨，损伤苗稼。命终之后，为此地龙，泉流白水，损伤地利"[①]。如来佛"大悲御世"，遂在此收服毒龙，从此乌苌免遭白水之灾。佛祖度恶龙的神话传说在这个斯瓦特河谷中的小国流传已久，200余年后玄奘西行求法，行经乌苌国时记下了这些传说。

本生故事：四大塔

离开乌苌国后，法显继续南行。从宿呵多国（印度河与斯瓦脱河之间）到犍陀卫国（今巴基斯坦北部白沙瓦东北），再到竺刹尸罗国（今巴基斯坦北部拉瓦尔品第西北），供奉本生故事的"四大塔"给他留下了深刻的印象。

为了供养舍利，僧徒往往要修建佛塔。在古代亚洲，塔是地平线上最高的建筑。在法显的家乡平阳或许还没有这样的佛塔，[②]但在当时的中原佛教中心洛阳、长安等地，已是浮图林立。皇初年间（394—399），后秦姚兴在长安修筑佛塔，《晋书》卷一一七《姚兴载记》云："起浮图于永贵里……沙门坐禅者恒有千数。"[③]规模如此之盛，从长安出发的法显一定印象深刻。

北天竺犍陀罗一带是佛本生故事的发祥地，供奉本生故事发生地的佛塔在这里比比皆是。本生故事讲述的是佛陀前世事迹，大多记录在南传佛教巴利文佛典中。佛教认为，释迦牟尼能够成佛正是前世积

---

① （唐）玄奘、辩机著，季羡林等校注：《大唐西域记》卷三，北京：中华书局，2000年，第275页。
② 参见王贵祥：《中国汉传佛教建筑史：佛寺的建造、分布与寺院格局、建筑类型及其变迁》，北京：清华大学出版社，2016年。
③ （唐）房玄龄等撰：《晋书》卷一一七，北京：中华书局，1974年，第2985页。

累功德所致。《大毗婆沙论》说，"佛因提婆达多，说五百本生事等"，可见佛本生故事之多。法显在宿呵多国见到了佛陀割肉贸鸽的佛塔。东下5日，法显来到了阿育王太子法益的治所犍陀卫国，并瞻仰了佛以眼施人塔。又在竺刹尸罗见到了佛以头施人塔和投身喂饿虎塔。这四座佛塔有西北天竺"四大塔"之称，他们供奉的是佛本生故事。

"割肉贸鸽"是佛前世为尸毗王时的故事。尸毗王发誓救护一切苍生。帝释天为测试他的诚心，就与毗首羯摩天化为饿鹰与鸽子，追逐至尸毗王前。尸毗王想拯救鸽子，又要保全鹰不被饿死，只好割下自己的肉给鹰吃。鹰要求尸毗王割下的肉放在天平上测量，要与鸽子同重。不想鸽子极重，尸毗王几乎割下全身血肉，最终将自己也躺上天平。化作饿鹰的帝释天认可了尸毗王的诚心，最终使尸毗王的肉身完好如故。

割肉贸鸽石雕[1]

---

[1] 孙英刚、何平：《犍陀罗文明史》，北京：生活·读书·新知三联书店，2018年，第251页。

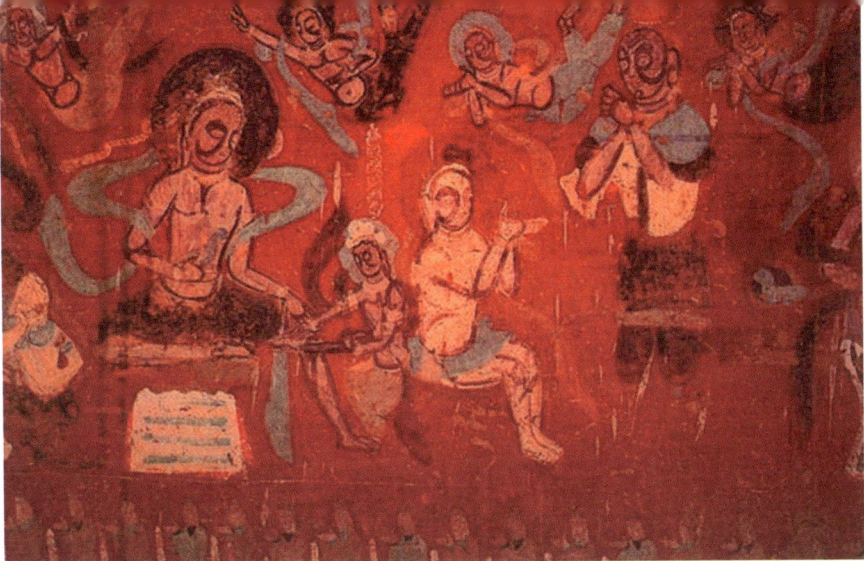

莫高窟第275窟壁画尸毗王本生（北凉）

　　"以眼施人"是释迦牟尼前世为富迦罗跋国国王时施舍眼睛的故事。富迦罗跋国国王因爱民好施，又有一双明亮的眼睛，被百姓尊称为快目王。快目王将要讨伐不服管辖又民不聊生的小国，小国国王波罗陀跋弥为阻止大军来伐，就派一位盲眼婆罗门去向快目王讨要双眼。对百姓所求无所不予的快目王答应了盲眼婆罗门的请求，婉拒百姓的劝阻，在7天后剜出双目给了婆罗门。众神赞许快目王的布施善意，帝释天现身在快目王的面前，让快目王双眼复明。而波罗陀跋弥听闻后心愤郁结而死。

　　"以头施人"的故事讲的是小国国王毗摩斯那因嫉妒布施百姓使国家富足的月光王，又吝惜财富不愿广施财宝，就召集一位婆罗门牢度叉去讨要月光王的头。月光王听闻后同意了，在7天后为避开劝阻的百姓，月光王约牢度叉到僻静的后花园中。牢度叉将要举剑砍下月光王的头，不料花园中的柳树击落了剑，又捆住了牢度叉的手脚。月光王劝阻柳树："我从过去到现在，在此树下，已布施了九百九十九颗头。今天，再施舍了这颗头，就满一千的大数，也就使我的功德盛会，得以圆满，请天神万勿阻挡牢度叉砍我的头了。"[1]于是树神放开了牢度叉，牢度叉急忙砍下了月光王的头，霎时天地震动，月光王就此功德圆满。而携带月光王的头逃出

---

① 敦煌文物研究所：《敦煌壁画故事》第二辑，兰州：甘肃人民出版社，1991年，第6页。

王城的牢度叉听到毗摩斯那王急病而死的消息，失望而死。

"萨埵那太子舍身饲虎"讲述释迦牟尼前世为太子摩诃萨埵时在竹林里遇见一只在给两只幼虎喂奶的雌虎，在饥饿的逼迫下就要吃掉两只幼虎。萨埵太子看到后于心不忍，决定将自己喂给雌虎。太子先把自己的身体卧在虎口前，不料雌虎已经太过饥饿没有力气吃他。太子于是便找来一根尖锐的木枝扎向自己的脖子，流出鲜血。雌虎喝足了他的血，才开始吃太子的肉。此时天地震动，众神称赞萨埵太子。

这些佛本生故事在同时期的中国敦煌莫高窟中也有展现。北凉时期的第275窟和北魏时期的第254窟中有割肉贸鸽的壁画。隋代的第302窟

莫高窟第254窟壁画萨埵那太子舍身饲虎（北魏）

莫高窟第302窟壁画快目王施眼本生（隋）

莫高窟第275窟壁画月光王施头本生（北凉）

中有快目王施眼本生壁画，北凉的第275窟中紧邻尸毗王割肉壁画的是月光王施头本生。舍身饲虎的壁画在莫高窟中有16处，其中以北魏的第254窟和北周的第428窟最为著名。

以尸毗王本生为例，尸毗王割肉贸鸽的故事在众多佛教石窟中有展示，莫高窟北凉的第275窟简单地描绘了尸毗王割肉的场景和围绕身周的天神。而数十年后的北魏的第254窟中用单幅构图集中绘画了尸毗王割肉时眷属的劝阻、天神的下界赞颂、帝释天化作的饿鹰追逐着鸽子从空中疾驰到尸毗王身边，而与这些或激动或剧烈的"动"相对比的是画面中央的即使割肉见骨也始终淡定的尸毗王，以恬静的目光注视着画面右下角用于称量的天平，强调突出了尸毗王的从容、坚定与慈悲。新疆克孜尔石窟常以菱形格子构图，在每个菱格中描绘一个本生故事。克孜尔第17、38、114、198、212窟中都有描绘尸毗王本生的菱格，不过仅仅表现出最简单的场景。而在印度阿旃陀石窟中，作者选取尸毗王将全身放入天平的场面，他手扶着秤盘的绳索与眷属告别，一脚跨入秤盘，目光向上看向远方，凸显出尸毗王的坚定与庄严。

印度阿旃陀石窟外景

同一主题在不同的时间与民族、文化下以不同的面貌展现出来，体现出各文明不同的审美与文化特点。但无论佛教本生故事传播与扎根到哪里，其宗旨始终是佛陀布施体现的善良、慈悲与众生平等。

白沙瓦平原上的佛国：弗楼沙与那竭国

在法显生活的年代，佛教在印度本土早已衰落，而犍陀罗所在的西天竺、北天竺就是佛教的中心。离开犍陀卫国，南行4日到达弗楼沙国，法显一行进入了犍陀罗地区的腹心地带。自此西折，沿喀布尔河谷溯流而上可抵那竭。这段路程，法显走得艰难。

纵览法显一行人离开犍陀卫国去往跋那国的路线，我们不难发现，他是在绕行。从犍陀卫国去往跋那国，沿印度河直接南下即可到达，这样不仅路程最短，在地形上也是河谷平原，一路坦途。可法显偏偏从弗楼沙国改道向西，到达那竭国之后才趋南行，兜了一个大圈子。在地形上更是艰难。弗楼沙国在今天的白沙瓦，那竭国是今天的贾拉拉巴德，跋那国在今天的本努一带，三地之间横亘着海拔超过4000米的塞费德科山脉，经由此路，必须进山。

塞费德科山脉古称小雪山，"冬夏积雪，山北阴中遇寒风暴起，人皆噤战"。在这里，法显一行付出了生命的代价。慧景冻死在这里，"口出白沫，语法显云：'我亦不复活，便可时去，勿得俱死。'于是遂终"①。法显悲痛不已。

为什么放着平坦的近路不走，偏偏要走这条艰险的远路呢？这样的艰险正是为了白沙瓦平原上的这两个佛国。弗楼沙国供养佛钵，那竭国供养佛真身舍利，西行求法，这两个佛国断然没有不去的道理。

佛钵所在：弗楼沙国

传说释迦牟尼路经弗楼沙国时预言，自己涅槃后会有一个叫罽腻伽的国王在这里起塔。佛涅槃后果然罽腻伽国王出生了。在国王途经弗楼沙国时，帝释天化作小孩用土堆塔。国王受到点化，便在小孩堆的小塔边建了一座40多丈的高塔。法显看到这座高大华丽的佛塔，随即生出这样的感慨："凡所经见塔庙，壮丽威严都无此比。传云：阎浮提塔，唯此塔为上。"②

佛塔艺术是犍陀罗艺术的重要特征。犍陀罗本为西北天竺的一个民族，相传为古印度十六列国之一，位于今巴基斯坦的白沙瓦谷地。古代印度时期，犍陀罗地区在印度文化、中亚艺术与希腊造像的碰撞与融合中形成了独特的艺术风格，这就是犍陀罗艺术。

---

① 章巽著，芮传明编：《〈法显传〉校注 我国古代的海上交通》，上海：复旦大学出版社，2015年，第64页。
② 章巽校注：《法显传校注》，上海：上海古籍出版社，1985年，第39页。

犍陀罗地区示意图①

　　大月氏人在中亚建立贵霜王朝，第三代国王迦腻色伽征服了东天竺恒河流域后，将政治中心移向了西北天竺犍陀罗地区。犍陀罗艺术就在这时到达顶峰。贵霜王朝曾与汉朝、罗马、安息并称当时世界四大帝国，影响力巨大。虽然贵霜帝国信奉拜火教，但迦腻色伽王也同时关注佛教。《法显传》和《大唐西域记》都记述了迦腻色伽归佛因缘，这就是他相信了释迦牟尼的预言"当有国王于此胜地建窣堵波（即佛塔），吾身舍利多聚其内"，以至于"王闻是说，喜庆增怀，自负其名，大圣先记，因发正信，深敬佛法"。②北魏吉伽夜、昙曜共译的《杂宝藏经》中，卷七也记录了迦腻色伽皈依佛教的原因："前后征伐，杀三亿余人。自知将来罪重，必受无疑，心生怖惧，便即忏悔"，于是"修坛持戒，造立僧房，供养众僧，四事不乏，修诸功德，精勤不倦"。③

带有佛陀形象的迦腻色伽金币，前1世纪。波士顿美术馆藏

---

① 孙英刚、何平：《犍陀罗文明史》，北京：生活·读书·新知三联书店，2018年，第3页。
② （唐）玄奘撰，章巽校点：《大唐西域记》，上海：上海人民出版社，1977年，第48页。
③ （南北朝）吉迦夜、昙曜译，陈引驰注译：《杂宝藏经》，广州：花城出版社，1998年，第305页。

128

他在位期间，印度佛教的传播范围扩张，以白马驮经到洛阳传播佛教的摄摩腾、竺法兰，正是贵霜帝国的僧人。迦腻色伽王对大乘佛教采取鼓励和扶植的政策，因感到当时佛教"诸异议部执不同"，便"宣令远近，召集圣哲"，在克什米尔地区举行佛教史上的第四次结集，由说一切有部（部派佛教中一部，简称有部或因部）著名论师中，印度比丘胁尊者召集500名高僧，重新阐明佛教经、律、论三藏。被誉为"阿育王第二"的迦腻色伽王在犍陀罗地区建造了大量的佛塔与寺院，现存最早的有明确纪年的佛像就属于迦腻色伽时代。迦腻色伽王让传说是希腊人后裔的宫廷建筑师在都城近郊建造了迦腻色伽大塔，这座希腊艺术与印度佛教文化完美融合的建筑，成为了犍陀罗艺术的代表作。

《大唐西域记》卷三也记载迦腻色伽王"以赤铜为鍱，镂写论文，石函缄封，建窣堵波，藏于其中"。他后来定居犍陀罗，在白沙瓦修建的一座大塔，名为"雀离"，号称"百丈浮图"，后世俗称"迦腻色伽大塔"，并在塔的四周建造四大伽蓝，供养3万名比丘。迦腻色伽正是"罽腻伽"的另一种音译，换言之，法显在弗楼沙国观览到的"阎浮提塔唯此塔为上"的大塔，正是迦腻色伽王在都城建的这座迦腻色伽大塔。

除法显与玄奘外，北魏使者宋云和僧惠生赴西域求法时也曾亲眼目睹这座庄严、雄伟的寺塔。其中《宋云行记》中是这样描述的：

> 复西南行六十里，至乾陀罗城。东南七里有雀离浮图。……上有铁柱，高三百尺，金盘十三重，合去地七百尺。……塔内物事，悉是金玉，千变万化，难得而称。旭日始开，则金盘晃朗；微风渐发，则宝铎和鸣，西域浮图，最为第一。[①]

迦腻色伽王之所以耗费巨大人力、财力建造大塔，是因为"塔既是

---

① （南北朝）杨衒之撰，范祥雍校注：《洛阳伽蓝记》卷五，上海：上海古籍出版社，1978年，第327—328页。

佛教统治的视觉标志，也是佛法尊崇和永恒的象征。而且，它还可以被看作佛主的化身"①。

当然，弗楼沙国最重要的还是佛钵供养。佛钵是佛祖用来放置食物的食具，保存至今，作为重要文物存放在阿富汗国家博物馆。其形制"可容二斗许，杂色而黑多，四际分明，厚可二分，甚光泽"，虽然其貌不扬，但有神通如聚宝盆："贫人以少华投中便满，有大富者，欲以多华而供养，正复百千万斛，终不能满。"②

更为重要的是，佛钵象征的是佛教的传法正统。"很显然，佛钵是释迦牟尼留给他的继任者（弥勒）遗产的一部分……这应该是'衣钵传人'最早的意涵。佛钵的存世是佛教传统延续性的有形证据，那位给法显讲法的斯里兰卡高僧指出，当佛钵在世间消失

佛钵③

的时候，正法在人世间也不复存在了。佛钵对中国也有较大的影响，在魏晋南北朝时期，它在中国的政治世界里持续产生了重要影响，据《高僧传》中所记载，东晋兴宁三年，襄阳习凿齿致书高僧道安，有'月光将出，灵钵应降'的言语。因此，佛钵是佛教信仰非常独特的符号和象征：正法的流行和佛钵的存世紧密相关。"④《法显传》中就记载了一次因为抢夺供奉佛钵的战争，为了得到弗楼沙国一件细腻滑润的佛钵，月氏国国王派遣大军征伐弗楼沙国，得胜后，为了搬运该佛钵，动用了许多大象和四轮车，但是佛钵竟然未能移动分毫。尊崇佛法的月氏王断

---

① 李崇峰：《佛教考古：从印度到中国》第一册，上海：上海古籍出版社，2014年，第5—6页。
② 章巽著，芮传明编：《〈法显传〉校注 我国古代的海上交通》，上海：复旦大学出版社，2015年，第57页。
③ 孙英刚、何平：《犍陀罗文明史》，北京：生活·读书·新知三联书店，2018年，第216页。
④ 孙英刚、何平：《犍陀罗文明史》，北京：生活·读书·新知三联书店，2018年，第230页。

定这是佛的旨意，佛陀希望该佛钵可以在此供奉，于是月氏王就在此地修建佛寺。年深日久，寺院规模越修越大，僧众在法显进寺参拜时达到700多人。法显记述了佛钵供养的盛况："可有七百余僧，日将中，众僧则出钵，与白衣等种种供养，然后中食。至暮烧香时复尔。"[①]可见，供养佛钵是一场日常进行的、历经整日的仪式。

法显此行中的宝云、僧景二人就是专门为供养佛钵而来。因此到达弗楼沙国后不久，二人便动身返回中原了。法显继续沿喀布尔河谷西行，前往佛真身舍利所在的那竭国。

佛真身舍利：那竭国

《法苑珠林》卷五三记载："舍利者，西域梵语，此云骨。……舍利有三种，一是骨舍利，其色白；二是发舍利，其色黑也；三是肉舍利，其色赤也。"中古时代，中原王朝每每以国家行为向下颁赐佛舍利，任各地供养。圣迹崇拜之盛，可见一斑。

舍利的本质是供养，意在"见此思彼"。从广义上讲，除以上三种生身舍利之外还有法舍利。即使骨、发、肉俱无，佛祖衣钵、佛经行处、佛说经处乃至佛所说经这样的衍生物亦足供养。法显所去的东天竺摩竭提国便多法舍利的供养，杖林附近有萃堵波（佛塔）供养如来经行之处，横岭以前有萃堵波供养如来说法处等等，这都是佛教徒对佛法物的圣迹崇拜。而且不但佛有舍利，菩萨、罗汉等也有舍利，只不过若是佛陀的舍利，即使是遭受大力打击也不会破碎，但是如果是弟子等人的舍利，受外力一击即破碎。

那竭国在今天的阿富汗贾拉拉巴德。贾拉拉巴德的今日战火纷飞，而在古代，那竭国却以其深厚的佛教底蕴吸引着前来朝圣的人们。

---

① 章巽著，芮传明编：《〈法显传〉校注 我国古代的海上交通》，上海：复旦大学出版社，2015年，第57页。

法显在那竭国醯罗城（今阿富汗贾拉拉巴德）独自瞻拜了佛顶骨精舍。"精舍"，梵文vihara，即是寺院的别称。《学林新编》曰："晋孝武幼奉佛法，立静舍于殿门，引沙门居之。因此俗谓佛寺曰静舍，亦曰精舍。"[1]佛有三十二相，其顶"乌瑟腻沙，高显周圆，犹如天盖"[2]，意即其顶骨隆起肉髻，不同凡人。所谓如来八十种好，佛顶骨以"坚实圆满"位列第七十八，"如来顶骨团圆犹如合卷，其色正白"[3]。佛涅槃后，顶骨成为舍利，受人供养。在法显的年代，佛顶骨正供养在那竭国。那竭国国王对此极其珍重，不但专门为顶骨修建起一座以金箔、七宝装饰的精舍，因担心恶人盗取佛顶骨，"乃取国中豪姓八人，人持一印，印封守护。清晨，八人俱到，各视其印，然后开户"[4]。

礼拜佛顶骨是一场每日进行的庄严仪式，国王"供养、礼拜，然后听国政"，徒众"亦先供养，乃修家事"。每日供养"以香汁洗手，出佛顶骨，置精舍外高座上，以七宝圆椹椹下，琉璃钟覆上，皆珠玑校饰。骨黄白色，方圆四寸，其上隆起。每日出后，精舍人则登高楼，击大鼓，吹螺，敲铜钹。王闻已，则诣精舍，以华香供养。供养已，次第顶戴而去"。除去国王，前来礼拜佛顶骨者还有当地的居士、长者，慕名而来的求法僧也颇有其人。"精舍门前，朝朝恒有卖华香人，凡欲供养者，种种买焉"，[5]其繁华程度，与今日佛教名寺一般无二。

除了远近闻名的佛顶骨，那竭国的佛教圣物还有佛齿、佛锡杖、佛影、佛发爪，每物皆起塔或精舍供养。传说供奉佛发爪的塔是佛祖在世

---

[1] 丁福保：《佛学大辞典》，北京：文物出版社，1984年，第1258页。
[2] 《大般若部罗蜜多经》卷五三一《第三分妙相品》，《大正藏》第7册，东京：日本东京大藏经刊行会，2001年，第726页。
[3] 《佛说观佛三昧海经》卷一《观相品》，《大正藏》第15册，东京：日本东京大藏经刊行会，2001年，第648页。
[4] 章巽著，芮传明编：《〈法显传〉校注 我国古代的海上交通》，上海：复旦大学出版社，2015年，第61页。
[5] 章巽著，芮传明编：《〈法显传〉校注 我国古代的海上交通》，上海：复旦大学出版社，2015年，第61页。

新头河（印度河）

时亲自参与建造的，并"以为将来塔法"。这样兴盛的供养显示了犍陀罗地区的佛陀圣物崇拜，学者认为这正是犍陀罗佛教的特征所在，"对舍利的崇拜，主要集中在犍陀罗地区。在印度其他地区，包括佛陀出生地，都看不到相关雕像或其他艺术品。佛顶骨、佛牙、佛影、锡杖、袈裟、佛发、佛钵、佛足迹、晒衣石等佛教圣物，广泛分布在犍陀罗、斯瓦特和今阿富汗南部的广大地区"[1]。正是白沙瓦平原上的圣物佛光，吸引着法显等高僧不远万里的舍身西去。

在那竭国度过冬天之后，法显、慧景和道整一行3人转道东南，共度小雪山。此山冬夏皆有积雪，法显3人爬到山的北阴处时，突然遇到寒风暴起，慧景不堪忍受，冻死于此处。法显抚摸着慧景的尸体，悲痛欲绝，言道："求法的愿望尚未实现，命也奈何！"然后与道整奋然前行，翻过小雪山，出小雪山后一路直下，到达罗夷国（阿富汗塞费德科

---

① 孙英刚、何平：《犍陀罗文明史》，北京：生活·读书·新知三联书店，2018年，第418页。

山脉以南）。又经跋那国（今巴基斯坦北部之本努），再渡新头河，到达毗荼国（即旁遮普，主要部分在今巴基斯坦东北部，小部分在今印度北部）。法显一行人考察了罗夷国和毗荼国的佛教在宗乘信仰方面的情况，发现此二国兼修大小乘佛教，不同于陀历国、乌苌国、犍陀卫国和跋那国只是信奉小乘佛教。自此法显便向中天竺去了。

沐浴

佛法

　　离开印度河平原往东南行，从北天竺进入到中天竺，中天竺与东天竺位于广袤而平坦的恒河平原上，河流众多，寒暑得宜。平原上大大小小的佛国星罗棋布，诸国国王都信奉佛法。供养僧众时，国王摘下王冠，与王室宗亲以及群臣一起，亲劝僧人饮食。供养结束后，在地上铺上毡垫，面对上座高僧而坐。这是佛陀在世时诸国国王供养僧人的方式，流传至今。

中天竺之始：摩头罗国

水系发达的恒河平原上交错着众多河流，这些河流大多汇入恒河，东流入海。位于今印度北方邦西部的亚穆纳河古名遥捕那河，下游即注入恒河。河流两岸佛寺众多，僧众转盛，这条河流经的古国，名为摩头罗，到达这个国度的仅法显与道整二人，这是法显自长安出发后首次踏上印度的中央地区。摩头罗国以南的中天竺地区气候适宜，百姓殷富。事实上，法显到达中天竺的5世纪初，是古代印度笈多王朝统治时期。彼时的君主是旃陀罗笈多二世（376-415），他与他的先祖逐渐征服与控制了恒河流域的许多小国，统一了中印度和西印度，疆土东起恒河入海口，西至阿拉伯海，被认为是笈多王朝最强盛的时期。虽然法显并没有提到这位君主，但却记录下当时社会生活的方方面面。居民不受户籍的限制，来去自由，耕地的百姓需向国王缴纳地租；官府没有统一的法律，犯罪的居民只需根据犯事的大小缴纳一定的钱财就可脱罪，即使是谋逆这样的重罪也不过砍掉右手而已。除此之外，全国百姓皆不杀生、不饮酒、不吃葱蒜，但旃荼罗除外。据法显的描述，旃荼罗在这里被称为恶人，他们不与其他居民住在一起，他们进入城市，需自己敲击木棍，以示与他人不同，便于其他人将其认出，躲开他们，互相不发生冲突。国内也不养猪和鸡，不卖牲口，市场上没有屠夫、卖酒的人，买卖使用贝齿，只有旃荼罗和猎人才卖肉。

法显提到的旃荼罗便是旃陀罗，他们被称为"人类中最低贱者"，是古代印度比首陀罗更要卑贱的种族。"约公元前1500年雅利安人入侵印度，征服土著印度居民后，为把自己与被征服的当地居民在种族上隔离开来，在社会中建立了一个森严的等级制度，这就是种姓制度。""根据种姓制度的规定，人被分为四个等级：婆罗门、刹帝利、吠舍和首陀罗。婆罗门是第一种姓，由雅利安人中的祭司阶层组成，他们世代职掌祈祷和祭祀，有时也参与政权，是古代印度的精神统治者；刹帝利作为军事贵族，是第二种姓，他们是古代印度的世俗统治者，国王大多出于这个阶层；其余雅利安自由民称为吠舍，是第三种姓，从事农、商、手工业；被征服的土著居民属第四种姓，称首陀罗，其中一些人是奴隶，职责是为上等种姓服务。很明显，第一、二种姓是统治阶级，第三、四种姓是被统治阶级。"①并且，随着雅利安人内部的逐渐分化，各种社会地位被世

当代印度的婆罗门

代地固定下来，对后来的历史乃至今天的印度社会产生了极其深远的影响。古代印度婆罗门教派的法律著作《摩奴法典》中记述，旃陀罗系父为首陀罗、母为婆罗门的混血种姓。由于他们被认为出生自地下，是不洁的、有罪之人，他们不能用公共水井，不能在大路上行走，只能居住在与世隔绝的村庄或城镇外面的住房里，他们被固定专门从事例如猎人、捕鱼人、屠夫、刽子手等迫害生命的职业。法显的敏锐观察也使其成为第一个记录种姓制度的外国僧人。

　　虽然这里等级制度严格，但人们崇信佛法，所以僧众受到尊敬，有着崇高的地位。僧人们衣食住行样样无忧，上至王公大臣下至居士信众为他们建造精舍居住，供给田园，日常所需皆无匮乏。僧众安心操习本业，诵经、坐禅与做功德。这里不仅对本地僧众特为尊崇，对外来僧人也是礼遇有加。《法显传》记载："客僧往到，旧僧迎逆（送）。"②当外来的僧人到来，当地僧人负责接待，并为他们代拿衣钵行李，准备洗脚水、抹

---

①　周明博：《全球通史》，北京：当代世界出版社，2015年，第29页。
②　章巽著，芮传明编：《〈法显传〉校注 我国古代的海上交通》，上海：复旦大学出版社，2015年，第66页。

脚油，提供正午以后饮用的非时浆①，待僧人们稍作休息，依据来僧的资历提供住宿的房舍和被褥。法显在这里看到佛塔林立，不同的人奉养不同的佛塔，有供养佛弟子的舍利弗塔，目连塔、阿难塔，也有供养佛经律文的阿毗昙塔、律塔、经塔。例如比丘尼们大多都供养阿难塔，因为阿难请求世尊允许女人出家；沙弥们大多都供养佛弟子罗云；专门讲阿毗昙的人供养阿毗昙塔；专门讲律藏的人供养律塔；信奉大乘佛教的人则供养般若诸经、文殊师利、观世音等；每年供养一次，各自都有具体的供养日期，其时香烟缭绕，烛灯彻夜不息，俨然一派佛国盛况。

尽管法显笔下的中天竺佛法兴盛，历史上的笈多王朝在宗教方面却并不以佛教为尊。事实上，笈多的君主信奉传统的印度教，使得佛教逐渐失去活力，并开始被同化。200多年后玄奘到此处时遥捕那河两岸"伽蓝二十余所，僧徒二千余人"②，与《法显传》中"有二十僧伽蓝，可有三千僧"相比较，说明此国后来佛法逐渐衰微。印度教虽然逐渐取得优势地位，笈多的统治者也欣然接受其他宗教的发展。法显后来的旅程中常常提到佛教与"外道"之间的摩擦，但总的来说，宽容是笈多时期宗教生活的要旨。

摩头罗地理位置十分重要，沿遥捕那河东下可到恒河中下游的摩揭陀国，北上则能到达犍陀罗地区，早从贵霜王朝起就是沟通东西的交通要道，经济文化比较发达，是中印度的造像中心。佛像于1世纪首先在北部犍陀罗产生，很快传到中印度，接着马图拉（印度北方邦西南部城

卡特拉石雕佛坐像。印度马图拉政府博物馆藏

---

① 佛教戒律以每日正午以前为时，正午以后为非时，时则食，非时则不得食。非时所饮酥油、蜜、石蜜、果浆等，称为非时浆。

② （唐）玄奘、辩机著，季羡林等校注：《大唐西域记校注》，北京：中华书局，2000年，第379页。

市）也开始制作佛像。马图拉的造像艺术有其独特风格，贵霜王朝初期与中期的佛像主要继承了印度原有雕刻的传统，佛像体格健壮，气势强悍，表情明朗。①

到笈多时期佛像形象则大为改观，与当时关注人心与宇宙奥秘的唯识派佛教哲学相适应，佛像造型也深深浸透了唯识冥想的内省精神，线条优美，低下头专注自己的内心世界。5世纪左右，马图拉的佛像艺术达到鼎盛。雅玛尔普尔曾出土一件杰出的佛像，衣纹线细密均匀如水波纹，佛面相静穆，显示出佛陀慈悲内省的思想。摩头罗国故址在今印度北方邦西部的

雅玛尔普尔出土5世纪石雕佛立像。印度马图拉政府博物馆藏

马图拉，从印度首都新德里南下200千米，是印度的旅游胜地阿格拉，那里有闻名世界的泰姬陵，而马图拉就在这两地之间。

领略了中天竺地区第一个国家的盛况后，法显和道整向东南行18由延②，到了僧伽施国。

法显夏坐处：僧伽施国

进入恒河平原后，由于自然条件转好，法显的脚步也越来越快。与摩头罗相邻的僧伽施国家富饶，百姓殷乐而热情好客，遇有外国人来，

---

① 王镛：《印度美术》，北京：中国人民大学出版社，2010年，第163页。
② 由延，又名由旬，古印度长度单位。一由旬相当于一只公牛走一天的距离，大约7英里，即11.2千米。

为客人打理好一切所需。这里寺庙佛塔林立，每一处流传着大大小小的传说与故事，最有名的遗迹源自佛陀上天为母说法下降处的传说，这个传说出自《大智度论》。

相传释迦牟尼佛出世7天，他的母亲摩耶夫人就往生到忉利天[①]，在天道享福。但智慧超凡的佛陀明白，这并未完全报答父母恩，因为天福享尽了一样会轮回六道。于是，佛陀就在80岁即将入灭前，上升忉利天宫为母亲讲说《地藏经》，希望她能在福中启慧，能于天道中再超越三界，此经亦被称为佛教的"孝经"。佛陀讲经后下落之处便是僧伽施国。

佛陀凭借其神通上忉利天时，众弟子都不知。到第7天时，佛陀的弟子阿那律才以天眼遥远地看到了佛陀，于是告诉尊者大目连说：你可去向佛陀问安。目连前去见佛，以头叩触佛陀之足，与佛陀相互问候。问候之后，佛陀对目连说："此后七天，我就会下到人间。"目连返回之后，八国的大王和臣民因为很久没有见到佛陀，十分渴望拜见佛陀，皆从四面云集到僧伽施国，等待佛陀的降临。当时有一位优钵罗比丘尼暗自思量："今天国王、臣民们都来奉迎佛陀，我是个女人，怎样可以先见到佛陀呢？"她就以神力，变成转轮圣王，来到最前面向佛行礼。此时佛陀从忉利天上东向而下，场面神圣而宏大。随着他的脚步，空中变化出了三道宝阶：佛陀在正中间的七宝阶上行走；梵天王化作白银阶，在右边手执白拂侍从佛陀；天帝释则化出紫金阶，在左边举着七宝盖侍从。无数天神也随从佛陀一起下界，前来瞻仰的信众无不跪地祈祷欢迎。佛陀离开宝阶踏上地面之后，三道宝阶皆陷没于地下，地面上只留下了七层台阶。后来阿育王感念此传说，派人掘地察看，向下一直挖到了黄泉，仍不见宝阶的尽头。为了表示尊崇，他在宝阶上建起了一所精舍，并在当中的宝阶上立了一尊1丈6尺高的佛陀像。在精舍后面立

---

① 忉利天又作三十三天。于佛教之宇宙观中，此天位于欲界六天之第二天，系帝释天所居之天界，位于须弥山顶；山顶四方各八天城，加上中央帝释天所居住之善见城（又名喜见城），共有33处，故称三十三天。

起了石柱，石柱高30肘①，柱头雕有石狮。柱子四边也有佛像，内外透亮如同琉璃一般。这石狮有灵性，相传有别教论师与佛教沙门在此争辩这座精舍的归属。沙门理屈，便立誓言："如果这座精舍是为佛教建立的，定会显现神灵。"话刚说完，柱头的狮子忽然大声吼叫，声震四方，论师害怕，伏首退下。②

宝阶周围处处起立佛塔，有优钵罗比丘尼礼佛处，梵天王、天帝释随佛下降处，并佛生前打坐、散步等遗迹处，整个建筑群气势宏伟。后来玄奘和慧超也参访过这个佛迹，记录下这些传说。玄奘到来时原址的石阶已全都陷没，后人又重新仿建。僧伽施的石柱今已不存，阿育王当年建造的其他石柱都分布在佛教流行地或佛教圣地，现在印度仍遗留有十几根这样的石柱，最为著名的是鹿野苑阿育王石柱。

寺院内还有一座龙舍。据说有一白耳龙住在这里，它庇护着僧伽施国，使国内风调雨顺，粮食丰收，无灾无害，僧徒平安，僧众为了感激它的恩惠特地在这里建立龙舍供养。每年夏坐结束时，龙就会变成一只白耳小蛇，由于众僧识得它，便用铜盂盛上奶酪，将龙放在里面。从上

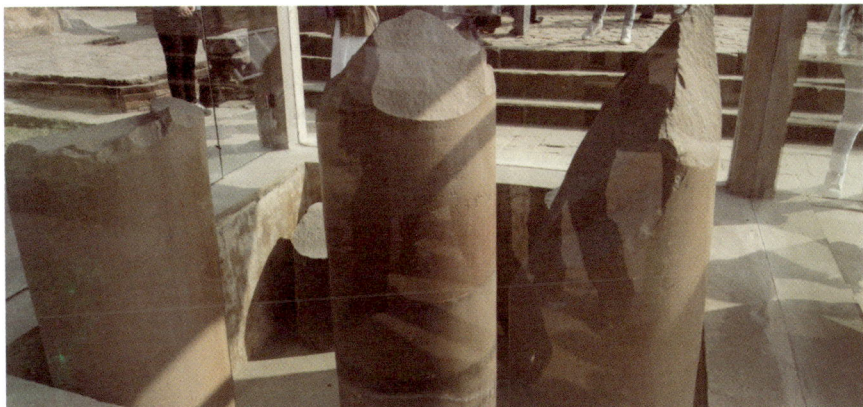

鹿野苑阿育王石柱

---

① 肘是印度古代计量单位，三肘为54尺。

② 参见章巽著，芮传明编：《〈法显传〉校注 我国古代的海上交通》，上海：复旦大学出版社，2015年，第70页。

座至下座，转相传看，就好像问讯一样，问讯后小龙就隐没不见，年年如此。法显就是在此龙舍中进行夏坐的。

该寺院北面50由延处，有一座叫火境的寺院，"火境者，恶鬼名也"①，是后人为纪念佛陀教化了恶鬼火境所建立的精舍，并将精舍施舍给了阿罗汉。传说当罗汉用水洗手时，水滴洒在了地上，水洒之处至今尚在。虽后代僧人反复打扫，但水滴的痕迹却仍旧无法清除。这里另外一座佛塔也具有神话色彩。相传有一位好心鬼神常来此打扫佛塔，不需要僧侣的帮忙。有一位邪见国王故意为难道："既然你这样会打扫，我就多带些兵众住在这里，多积累粪土污垢，看你还能不能扫完？"鬼神刮起了大风，将这里吹得干干净净。除了这两座带着神奇色彩的佛塔，此处还有大大小小数不尽的小塔，隔不远便能够看到一座。

夏坐结束，法显和道整继续向东南前行，到达罽饶夷城（今根瑙杰）。这座城就在恒水岸边，城里有两座寺院皆信奉小乘佛教。罽饶夷城就是《大唐西域记》中的曲女城，玄奘来到时，这里是有名的戒日王居住的地方，他记下曲女城的传说和戒日王为迎接他而举行的盛大法会。再从此东南行10由延，到沙祇大国，大约在今天的法扎巴德东，在这里瞻仰了几处佛迹后，法显和道整从沙祇大国北行8由延，到达了拘萨罗国的舍卫城。

佛与"像"的传说：拘萨罗国

拘萨罗国是古印度北方的著名大国，都城舍卫城是原来波斯匿王的治所。《大唐西域记》译作室罗伐悉底国，这里是佛陀生前重要的居住

---

① 章巽著，芮传明编：《〈法显传〉校注 我国古代的海上交通》，上海：复旦大学出版社，2015年，第71页。

舍卫城遗址

地，他在此居住了25年，并宣讲了诸如《金刚经》《阿弥陀经》等重要教义。法显和道整到这里的时候，舍卫城已经衰败了，地广人稀，民众约200户，但佛教遗迹很多，像大爱道比丘尼原来的精舍遗址，须达长者的井壁以及鸯掘魔得道、般泥洹、烧身处，均被崇尚佛学的信众建起了佛塔。因为舍卫城的佛教建筑尤其多，便引发了婆罗门教众的嫉妒，他们试图毁坏这些塔，但是每当他们要动手时，天空中就雷电霹雳、声响震天，因此他们的图谋从来没有机会实现。拘萨罗国中最为著名的佛教建筑是祇洹精舍。

　　法显和道整初到祇洹精舍，想到昔日佛祖在这里住了25年，悲叹自己生在边远地区，与诸位志同道合的僧人游历诸国，有的人中途而归，有的人半途而死，今日才见到佛祖生前的居所，百感交集，怆然泪下。精舍的僧人们看见他们，上前询问："你们是从哪个国家来的？"法显回答："我们是从汉地来的。"僧人们大为惊叹："真是怪哉，如此偏远地方的人，还能求法来到我们这里，自打我们的师父那时，还没见过从汉地过来的人呢。"

祇洹精舍是须达长者当日皈依佛法时为释迦牟尼佛修建的。须达是舍卫城的大商人，因为常常救济贫困与孤苦的人，被尊称为"给孤独长者"。他到摩揭陀国王舍城做生意，住在一个富人家中，正巧此人为佛陀及其弟子供养午饭，得以听到释迦牟尼宣讲佛法，于是便皈依佛教。他因此发愿建造精舍，并邀请释迦牟尼来舍卫城说法。回到舍卫城后，在近郊发现祇陀太子的园林是个合适的地方，于是与太子交涉。祇陀太子禁不住他的再三恳请，笑着说："如果你能以黄金布满园中土地，我就

舍卫城雕塑①

捐出园子。"须达果然兑现承诺，用黄金铺满了园中的地面，于是太子捐出园林，须达捐地。佛祖命舍利弗设计并监督，精舍完工后佛陀命名为"祇树给孤独园"，表明是两人捐助完成的。又称"给孤独园"，精舍称"祇洹精舍"或"祇园精舍"，是祇陀园林须达精舍的略称，玄奘称其为"逝多林"或"给孤独林"。

法显来到这里时，精舍的门户石柱尚存，左柱上刻轮形，右柱上刻牛形。精舍内部池水清澈，树木茂盛，花影相映，仿佛置身佛国仙境。精舍规模庞大，能容纳千人以上，里里外外众多佛塔寺堂，气势庄严而

---

① 扬之水：《桑奇三塔 西天佛国的世俗情味》，北京：生活·读书·新知三联书店，2012年，第97页。

祇洹精舍遗址

恢弘。精舍原有七层，自建成后，从国王到百姓们竞相供养，散花焚香，悬幡结彩，灯烛日日不息。后来因为火灾，重建为两层。传说佛陀登上忉利天为其母亲说法时，波斯匿王极其思念并渴望见到佛陀，于是用牛头栴檀制作了一尊佛陀的像，并将其放置在佛陀坐禅的地方。后来佛陀返回精舍的时候，佛像突然活了，离开原地出来迎接佛陀。佛陀见到自己的像说："回去坐在那里吧。我涅槃后，你就做四部众造像的样板吧。"于是栴檀像听了佛陀的话就坐回到了原处。由于栴檀像回到了佛陀原来坐禅之处，佛陀便移居到两边的小精舍中，与佛像异地而处，两处相距20步。从此在所有的佛像中，这尊波斯匿王制作的佛像便成为了最早的一尊佛像，也是后人造像时效法的样板。有一天，一只老鼠把燃灯打翻了，经幡被点燃，火顺势蔓延开来，酿成了大火，精舍被烧成了灰烬。大家非常懊恼与痛苦，认为佛像已被烧毁。但是四五日之后却在东边一座小精舍里发现佛像，信众们于是皆大欢喜。国王和民众立即

145

又重新捐建精舍，迎佛像回到原来的地方。[①]

祇洹精舍附近有许多佛教圣迹，这些佛迹多与佛传故事有关，如盲人得眼、毗舍佉母作精舍、孙陀利杀身谤佛、佛共外道论议、外道女谤佛生入地狱、调达害佛生入地狱、道东外道寺、世尊当道见琉璃王、迦叶佛本生处等神话传说，或是颂扬佛陀功德，或是介绍外道信仰，或是谴说外道，法显一一巡礼，并记下传说始末。《大唐西域记》中也有类似记述。这些故事中有关佛教与外道摩擦与感化的描述表明当时不同宗教间确实存在矛盾。道东外道寺讲的是一处叫做影覆的佛寺，最初是婆罗门供奉的天寺。每当太阳西斜时，世尊精舍的影子映在外道天寺之上，而当太阳东升时，外道天寺的影子则映在北面，始终不能映在佛陀精舍上，因此取名为影覆。婆罗门经常派人前来打扫、烧香、燃灯供养。但第二天早晨，他们点的灯却总是被转移到佛陀的精舍里。婆罗门因此愤懑地说："那些沙门将我们的灯拿走去供养他们的佛陀了。"[②]情况却始终如故。为了抓住这些"盗灯的和尚"，他们便在夜间守在天寺，却看见自己侍奉的天神手里拿着灯，绕着佛陀精舍走了三圈，供养完佛陀之后，就突然不见了。他们供奉的天神都侍奉佛陀，可知佛陀的神通广大，于是便出家，皈依佛教。

200多年后，玄奘来到此地时，昔日的祇洹精舍早不复盛况，寺宇屋室都坍塌颓倒，只剩下地基，只有一座砖砌的小屋，里头供奉着佛像。门口的石柱与法显所描述的一致。祇洹精舍的故址在今印度伯尔拉姆布尔西北的塞特马赫特地方，近代以来发掘出中央精舍的遗址、僧院和僧房等建筑基址，对早期的佛教建筑形式可以有所了解。

法显和道整继续从舍卫城东行，来到了迦毗罗卫城。

[①] 参见章巽著，芮传明编：《〈法显传〉校注 我国古代的海上交通》，上海：复旦大学出版社，2015年，第77页。

[②] 参见章巽著，芮传明编：《〈法显传〉校注 我国古代的海上交通》，上海：复旦大学出版社，2015年，第77页。

释迦牟尼的故乡：迦毗罗卫城

迦毗罗卫城（今尼泊尔南部提罗拉科特附近）的统治者是佛陀的父亲净饭王，在净饭王50多岁时，40多岁的王后摩耶夫人生下佛祖释迦牟尼。佛经中太子乘象入胎讲的就是这个故事。相传佛陀在出生之前，是住在天国兜率宫的一位善慧菩萨。他了解到世间的苦难太多了，决定投生人间成佛后度化众生，便选择了仁慈善良的净饭王夫妇作为父母。净饭王和王后摩耶夫人已经结婚多年，却一直膝下无子。一天，摩耶夫人在睡觉时梦见一位菩萨乘着一头白色的大象，从空中而来，又从她的右肋进入腹部。此时周围突然大放光明，天女散花。醒来后，她把这个奇怪的梦告诉净饭王，净饭王听完非常诧异和疑惑，于是请来阿夷仙人，占卜说王后所怀的是位圣子，以后一定能让释迦族名垂千古。净饭王夫妇听后非常高兴，期待着佛陀的降世。这是众多佛传故事中的一个，后来由于西去求法的僧人越来越多，佛陀的故事被画进了汉地的壁

迦毗罗卫城遗址

画与石碑之中，如今麦积山的千佛洞中便有一块国宝级的"佛传故事碑"——第133窟第十号造像碑。

迦毗罗卫城东50里处有一王家园林遗址，这里就是佛陀出生的论民园。论民又译作蓝毗尼，是释迦牟尼外祖母的名字，这座论民园原为他外祖母所有。传说摩耶夫人怀孕时入池沐浴，沐浴完出池在北岸走了20步，举手攀折树枝，面向东方生下了太子。太子在母亲的腋下出生，刚出生朝前走了7步，头顶出现两条龙，口吐温水为其洗浴。后人便在太子沐浴处挖了一口井，并将井水引到上面的浴池中。法显到此地时众僧仍常在此取水饮用。

麦积山第133窟第十号造像碑（北魏）①

迦毗罗卫城中有许多佛祖做太子时的遗迹，除去上述两传说外，还有太子见病人回车处、扑象，射箭处、太子树下观耕处，佛得道还见父王处，五百释迦族人出家处等等。除了遗迹外，这里已是满目荒凉，"城中都无王民，甚如坵荒"②，只有几十个僧人和民户，路上还不时有野白象、狮子出没伤人，人们都不敢单独随便行走。慧超在《往五天竺国传》中也说这里林木荒芜，路上盗贼很多，又容易迷失方向。

蓝毗尼园位于今天尼泊尔南部，离印度边界线很近。前3世纪，阿

---

① 天水麦积山石窟艺术研究所：《中国石窟：天水麦积山》，北京：文物出版社，1998年，第95页。
② 章巽著，芮传明编：《〈法显传〉校注 我国古代的海上交通》，上海：复旦大学出版社，2015年，第82页。

蓝毗尼园遗址

育王曾游幸此地并建造了一座纪念石柱，柱头雕刻马像，柱上用巴利语刻着阿育王免除蓝毗尼村租税的诏文和日期。玄奘来此时，石柱已被雷击断倒地。20世纪60年代，尼泊尔文物考古部门在陶利哈瓦镇附近，挖掘出此石柱，仅存一节，并在它附近的蒂劳拉科特发掘出古代释迦时代的废墟。由于此地是释迦牟尼的出生地，被认为是佛教最神圣的地方，吸引着各地的信徒与游客，尼泊尔从20世纪起与联合国发展基金会对这里进行开发。今园址内有方形浴池、塔基座及红砖建成的祠堂，堂内有摩耶夫人石雕像。

从论民园东行5由延，便到蓝莫国。《大唐西域记》作蓝摩国，又作罗摩国，故址在今尼泊尔最南部的达马里附近。蓝莫国中有太子遣车匿、白马还处。车匿是太子出家时的随从，太子所乘的白马名犍陟，车匿随太子出迦毗罗卫城，在蓝莫不远处，太子解下身上的璎珞服饰，并所乘白马，嘱咐车匿带回王宫。蓝莫国中有一座蓝莫塔，关于蓝莫塔还有一段阿育王的传说。相传佛陀肉身焚化后得到了多颗舍利，8位国王将舍利分为8份，各自回国建塔供养。当时蓝莫国的国王也分得一份，他回国后将舍利藏在塔下，建立了蓝莫塔。后来到阿育王时期，他要从8个藏舍利的塔中将舍利拿出来再分，试图在世界各地建84000多座塔。当取

149

阿育王访摩罗聚落①

蓝莫塔的舍利时，守护着这座塔的龙突然现身将阿育王带入龙宫内，参观龙宫内供奉的各种珍宝，并对阿育王说："你如果能供奉胜过我，我便让你破塔取走舍利。"②阿育王深知龙宫的供奉不是人间之物所能比的，便放弃破坏此塔。著名浮雕"阿育王访摩罗聚落"就是表现龙护塔的故事。因此蓝莫塔得以保存，法显等人也能够得以一观。

后来蓝莫塔也逐渐退出人们视线，供奉不再，也没有日常打扫的沙弥。可能是佛法的伟大感化了此地的大象，象群用鼻取水来打扫佛塔和摘取鲜花供养佛塔。据说他国有僧侣来此参拜，看见大象后，惊恐地躲进树丛，后发现这些野象是来打扫供养佛塔的，十分感动。其中有一僧人便自愿舍弃受戒为僧，在这里当一个打扫供奉的小沙弥。后来他又劝国王在此处建一座寺院并允许自己充当寺主，供奉此塔。自那以后，"恒以沙弥为寺主"③，法显来拜时依然如此。

---

① 扬之水：《桑奇三塔 西天佛国的世俗情味》，北京：生活·读书·新知三联书店，2012年，第189页。
② 参见章巽著，芮传明编：《〈法显传〉校注 我国古代的海上交通》，上海：复旦大学出版社，2015年，第85页。
③ 章巽著，芮传明编：《〈法显传〉校注 我国古代的海上交通》，上海：复旦大学出版社，2015年，第86页。

佛陀最后经行之地：毗舍离国

  法显在中天竺与东天竺走过了佛陀生前来过的地方，这些地方是印度重要的佛教圣地，流传着大大小小的佛传故事，这些故事是后世佛教艺术的主要题材。前述论民园是释迦牟尼的出生地，祇洹精舍是释迦牟尼居住说法的地方。除此，还有王舍旧城、灵鹫山，也是释迦牟尼长住说法的地方，鹿野苑为释迦牟尼初转法轮处，菩提伽耶为释迦牟尼苦行成道处，而拘夷那竭城是释迦牟尼涅槃处。

  法显和道整从蓝莫国东行12由延，便到了人烟稀少、荒凉萧瑟的拘夷那竭城。法显在当地僧人的引导下，祭拜了佛陀涅槃之地。佛陀涅槃时已80岁，停留在城外两棵娑罗树间，让弟子阿难铺床，头朝北，面向西而卧，婆罗门老人须跋听说佛要涅槃，急忙赶来受教，当晚成为佛陀最后一个弟子后，先于佛陀涅槃，随后佛祖涅槃。由佛祖涅槃之地继续往东南走12由延，到达梨车。在佛陀即将涅槃之时，梨车人想跟从佛陀

毗舍离塔与阿育王石柱[1]

---

[1] 王春景：《菩提树与恒河水 印度》，北京：新世界出版社，2013年，第42页。

前往涅槃地，佛陀不答应，但梨车人却依恋佛陀，不肯离去，佛陀便变出一条大深沟，隔绝道路，使梨车人无法继续追随。但是佛陀将自己的饭钵送给他们当作信物，并劝他们回家。这里也立有一根刻着铭文的阿育王石柱。

拘夷那竭城是《大唐西域记》中的拘尸那揭罗国。有关这个古城的故址，讨论不一，大约在今天尼泊尔南境小腊普提河及甘达克两河合流处以南，即此城之北，有两条河自东向西流去，汇合成一河，在汇合点偏东位置的两河之间，就是释迦牟尼佛涅槃处。《法显传》将这里称为"双树间"。根据法显的记载，拘夷那竭城"城中人民亦稀旷，止有众僧民户"①，僧众是这座空旷的城市最鲜明的代表。佛陀涅槃后，金刚力士悲痛万分，不再手握金刚杵。众生伤心不已，有八国国王取走佛陀舍利，并建塔供养。②所以，这里也是"须跋最后得道处，以金棺供养世尊七日处，金刚力士放金杵处，八王分舍利处"，是与佛教密切相关的一处圣地，且从4世纪开始，在李查维王朝的统治时期，尼泊尔佛教才有了真正意义上的历史记载。③因此，在法显到来之时，这里的佛教发展正处于稳定发展的态势，佛教圣迹得以在颇显荒凉的国度留存，且"诸处皆起塔，有僧伽蓝，今悉现在"。《大唐西域记》则将这里称为"娑罗林"。玄奘到达这里时人烟稀少，房屋倾圮，但在城东北见到了阿育王建造的佛塔、城西建的精舍，里面有释迦牟尼涅槃像。后来考古学者在这里发掘出两座古寺遗址及佛涅槃像和其他遗物。

从佛陀涅槃处向东走5由延，到达毗舍离国。毗舍离国是古印度的著名大国，《大唐西域记》作吠舍厘国，故址在今印度比哈尔邦北部穆扎法尔布尔地区之比沙尔。这里是恒河流域的交通中心，向西可通迦毗

---

① （东晋）法显撰，章巽校注：《法显传校注》，北京：中华书局，2008年，第76页。
② 参见章巽著，芮传明编：《〈法显传〉校注 我国古代的海上交通》，上海：复旦大学出版社，2015年，第87页。
③ 参见王孺童：《古代和中世纪的尼泊尔佛教》，《内学丛论》，北京：宗教文化出版社，2014年，第59页。

罗卫城，向东可通摩竭提国王舍新城。毗舍离国是佛陀涅槃前最后经行的地方。经行是一种修行方式，指旋回往返于一定的地方，直来直去，可诵经消食。毗舍离国的民众非常尊崇佛陀，特地为佛陀在此修建佛塔和住所。城里还存有庵婆罗女为佛陀造的塔。在城南3里道路以西，是庵婆罗女将自家园林布施给佛陀居住的地方。传说佛陀将要涅槃时，与众弟子走出毗舍离城西门，回身右转，回头望着毗舍离城，对众弟子说："是吾最后所行处。"[①]于是毗舍离国的人也在此修建了一座佛塔。

城西北3里处，有一座名叫放弓仗的塔。这座塔的来历也是来源于一段神奇的传说。相传恒河上游有一个国家，国王的小夫人十月怀胎生下一肉胎。大夫人听说后立即赶来查看，并嫉妒地说："你生下了一个不祥之物，他的出生不利于国家的运道。"于是就派下人用木盒将肉胎装起来，抛到恒河里。刚好下游有一国王正在恒河岸边游览，见水上有一木盒，便令下人将其打捞起来。国王打开木盒一看，盒中有1000名相貌端正奇特的小儿，心慈的国王就将他们带回抚养。这1000名小儿长大后，个个十分勇健。他们带领着军队前往各地征伐，战无不胜，攻无不克。后来他们将要攻打其生父所在的国家，其生父郁郁寡欢，十分忧虑。国王的小夫人见状便问："大王为什么如此忧虑？"国王无奈叹道："与我们对战国家的国王有1000个儿子，他们勇猛无比，没有打过败仗，马上就要攻打我国，我因此忧愁。"小夫人说："大王勿忧，你只需在城东修一座高楼，当他们来犯时将我放在楼上，我能让他们退兵。"国王没有办法，只得按她说的办。当敌军来犯时，小夫人就登上高楼对那1000个儿子喊道："你们是我的儿子，为何要做忤逆之事？"千儿们疑惑地问："你是什么人，为什么说是我们的母亲？"小夫人说："你们若不相信，请都仰头张口。"话刚说完小夫人就用两手按着双乳，只见乳中各流出500道乳汁，全都落入了1000个儿子的口中。

---

① 章巽著，芮传明编：《〈法显传〉校注 我国古代的海上交通》，上海：复旦大学出版社，2015年，第89页。

1000个儿子此时也知道了小夫人就是自己的母亲，当即放下手中的弓仗等武器。1000个儿子的生父与养父知道此事后，就在当时的地方各自修成了一座辟支佛塔。法显也因此得以有机会参拜两座辟支佛塔。后来佛陀修成正果后，曾告诉过众弟子："是吾昔时放弓仗处。"[1]说完后对弟子阿难说自己3个月后即将涅槃。后人知道此事后就在此处立塔，所立之塔也因此而闻名。而传说中的那1000名小孩子就是贤劫时的千佛。

离开放弓仗塔后，法显和道整向东行三四里，又看到了一座佛塔。经询问得知此塔的由来，佛祖涅槃后百年，毗舍离城里一些比丘错误地践行了戒律，他们认为有10件事是佛陀曾经说过的，不算犯戒。当时众罗汉及持律的凡夫僧共700人，聚集在一起重新讨论戒律，后世的人为了纪念此事便在此建了佛塔。法显来到这里时，此塔还矗立在那里。

佛教中心之地：摩竭提国

从毗舍离国都城东行4由延，便到达了五河合口的地方。五河合口即自毗舍离城至摩竭提国巴连弗邑之恒河渡口，附近为干达克河、腊普提河、哥格拉河、恒河、宋河诸大水合流之处，汇成恒河下游而东行，故曰五河合口。从这里渡河南下，便到当时世界佛教的中心之地摩竭提国的巴连弗邑。

摩竭提国是古印度恒河中游最著名的大国。释迦牟尼在世时摩竭提国首都本在王舍新城，阿阇世王时又在王舍新城以北的恒河渡口南岸建立新邑，即巴连弗邑。巴连弗邑又称拘苏摩补罗城，"拘苏摩"是香

---

① 章巽著，芮传明编：《〈法显传〉校注 我国古代的海上交通》，上海：复旦大学出版社，2015年，第90页。

花、"补罗"是都城的意思，因此又叫做香花宫城，又名波咤厘子城、华氏城，在今天印度比哈尔邦的巴特那。巴连弗邑地处交通要道，此后即成为摩竭提国首都，后来孔雀王朝也建都于此。这里是佛陀悟道成佛的地方和生前重要的游化地，后来阿育王在此广修寺院佛塔，这里的佛教兴盛，高僧辈出，成为藏经最多、佛教胜迹也最多的地方。法显和道整所到之时正是笈多王朝时代，旃陀罗笈多二世（超日王）统治时期的巴连弗邑繁华热闹、佛教兴盛。

"巴连弗邑是阿育王所治城。"[①]法显到达巴连弗邑时，阿育王所建的宫殿尚存，气势宏伟而雕镂精致。城中其他建筑也都流传着阿育王的传说。传说阿育王弟弟证得罗汉道果后，常住在耆阇崛山中。阿育王十分想念弟弟，诚心请他回家接受供养，但他的弟弟却喜好山中清静，不肯回去城市中。阿育王就对弟弟说："只要你肯回家接受供奉，我将为你在城里造一座山。"由于在都城中建山的工程极其庞大，时间并不充足，阿育王想到了一个快速建山的方法。阿育王备好食物，召集众鬼神："明日我将宴请你们，但我这里没有坐具，请你们各自带坐具来。"第二天，众鬼神各自带着大石头前来赴宴，围成四五步见方。宴饮结束后，阿育王就让鬼神用这些大石头垒成大石山，又在山底用五大方石筑造了一处石室，石室长3丈，宽2丈，高1丈多。

城南3里处有阿育王时所作大塔。当初释迦牟尼涅槃时，舍利分作8份，八国国王起塔供奉，后来阿育王毁七塔，建8.4万座塔供奉舍利，这座阿育王塔就是最初建的那座。塔前有精舍，门北向面塔。塔南塔北各有一石柱，柱上皆有铭文，记立柱因缘与时间。阿育王塔边有摩诃衍大乘寺。此寺庄严华丽，整齐有序，旁有小乘寺院，一共有六七百名僧侣。世界各地德高望重的僧人以及学者，如欲探讨佛教义理，都要来到该寺。受到国内大德、比丘景仰的文殊师利当时也住在这座寺院之中。

---

① 章巽著，芮传明编：《〈法显传〉校注 我国古代的海上交通》，上海：复旦大学出版社，2015年，第95页。

法显后来返回巴连弗邑后也是居住在此。

天竺以唐历的二月为新年岁首[1]，二月初八是盛大的行像节，通常要先制作四轮车。这种四轮车是为了安置佛像的，一般需要用竹子绑成5层，有斗拱和支柱作支撑，4丈多高，形状类似塔。用白棉布缠在"塔"上，在上面用颜料画上众天神像，栩栩如生。其上还需用金、银、琉璃等七宝装饰，悬挂缯盖和绢幡。车的四边有4个佛龛，龛内皆有坐佛，菩萨立在两边。行像的车子共有20辆，每辆车的装饰风格都不同。到了行像节这一天，无论是出家人，还是在家俗人都齐集一起，唱歌跳舞，焚香供花。婆罗门来请佛像，佛像按次序进城，进城后第二天晚上，整夜点灯，歌舞音乐不息，热闹无比，灯火通明，各国皆如此。国内长者居士在城中搭建医药棚舍，为国中贫穷孤独、残疾不便的病人医治，食物汤药均可自取。

今天的巴特那是比哈尔邦的首府，位于印度东部偏北，地处恒河南岸，是比哈尔邦的经济文化中心。城市大部分沿恒河而建，主城区在河南岸，西部是新城区，东部是旧城区。新城区有政府大厦、巴特那博物馆、巴特那大学等建筑，较为现代化。东部街道狭窄，房屋低矮，当年伊斯兰教统治者舍尔沙在此修建的古堡已经不存，后来在其上修

帝释窟说法。巴基斯坦塔克西拉博物馆藏[2]

---

[1] 天竺历以建卯月为岁首，唐历以建寅月为岁首。又天竺据白月十五日夜太阳所在宿为月名，所以天竺一年中第一个月份时间为唐历的正月十六至二月十五日。

[2] 扬之水：《桑奇三塔 西天佛国的世俗情味》，北京：生活·读书·新知三联书店，2012年，第109页。

建了一幢贵族宅第，现已辟为博物馆，陈列大批罕见的私人收藏。新旧城区之间曾进行过考古发掘，发现了华氏城和孔雀王朝宫殿的遗址，以及陶器、铁工具、陶像和金护身符等文物。

摩竭提国的佛教盛况并没有让法显和道整停下脚步，他们继续东南行9由延到了天帝释以四十二事问佛处的小孤石山，即《大唐西域记》所称帝释窟，后又西南行1由延到了舍利佛的本生村那罗聚落。这两处地方旧迹仍在，且均修建了寺院和佛塔。

佛陀成道之地：伽耶城

法显和道整从那罗聚落西行1由延到了王舍新城。王舍新城是阿阇世王的都城，城西门外有佛舍利塔一座，高大庄严。出城南，是萍沙王旧城。萍沙王是阿阇世王的父亲。旧城附近多山，又名山城。这座旧城是摩竭提国的古都，巴利文经籍中称为王舍城或王舍旧城，以别于阿阇世王的王舍新城。萍沙王原本信奉耆那教，后来皈依佛教。释迦牟尼在菩提迦耶成道后，来到旧城，受到萍沙王的隆重礼遇，得以宏布佛法。旧城与新城是古印度东北部的交通与文化中心，经济发达，商业繁盛。旧城里分布着诸多的佛教遗迹，法显到时，仍旧存在，但是除了遗迹外，这里已经空渺无人，非常荒凉。

旧城四周，五山连峰环绕，东边最高的一座就是佛教著名的圣地耆阇崛山，释迦牟尼在此居住和说法多年。耆阇崛山又名鹫峰山，山中多鹫鸟，这里的山峰拔地而起，山石极为秀丽，山中有数百个坐禅石窟，山顶上有几块突起的巨石，远看就像展翅的鹫鸟一般。传说佛陀与阿难在此处坐禅时，天魔变化为鹫恐吓阿难，佛陀用手驱赶鹫，化解了阿难内心的恐惧，如今鸟迹、手迹俱存，所以称这里为鹫峰山。释迦牟尼生前在此说法最多，《大般若经》《法华经》《首楞严经》等大乘佛教经典，都是在这里讲说的。法显和道整决定上山参拜圣迹，二人在王舍新城买了香、花和油灯。他们在当地僧人的引导下，到达了鹫峰山。点燃油灯，烧香礼拜，法显目睹佛陀圣迹，悲伤地感叹道："佛曾经在这里讲说《首楞严经》，我生不逢时，现在也只能在这里参拜圣迹了。"于是二人便在山上诵《首楞严经》。当晚二人在山上石窟内留宿，彼时法显已过古稀之年，如此虔诚的宗教精神和坚韧的毅力，于此可见一斑。

释迦牟尼带领弟子进入王舍旧城时，瓶沙王在城郊选迦兰陀竹园作精舍，供养教团，作为佛与他的弟子生活居住的地方，并取名为竹林精舍。又有传说称，迦兰陀精舍原本是城里一个富人迦兰陀赠给其他宗教教徒居住的园林，后来他改信佛教，便将精舍改赠给佛教徒。迦兰陀精舍就是后来闻名世界的那烂陀寺，是最早的佛教寺院。法显到这里参观时，那烂陀寺的规模还没有那么大，后来经过笈多王朝近百年的陆续修建，才逐渐成为印度佛教学术的中心地，后来又成为密教的圣地。法显是最早到过那烂陀寺的中国僧人，几百年后同样怀揣着求取真经理想的

鹫峰山

玄奘和义净在这里学习，他们留下了宝贵的记录。那时那烂陀寺的规模更加宏大，名僧大德云集，各种学问都有人研究，僧徒主客常有万人，玄奘在此住了10年。

那烂陀寺的遗址，最初由英国考古学家康宁汉姆在1861—1862年发现，出土的遗迹和雕像是8—12世纪的。从遗址分布的情况看，是一座布局整齐的大寺院，大建筑遗址十余座，占地广阔，每座可容纳千人以上，建筑基址多为方形，建筑材料用砖。[①]西侧是一列佛堂；东侧是一排僧房，有6座僧院，方形院落，居室沿四周而建，有回廊相连，中间是庭院；南端的高塔是寺院的中心。[②]据此可以想见当时规模之盛。20世纪50年代，印度政府设立了那烂陀佛教研究院，这里培养的不是僧人，而是佛教学者，像其他高校一样授予硕士与博士学位。考古工作者也一直在那烂陀从事发掘与文物保护研究。[③]

法显和道整从王舍旧城西行，到了释迦牟尼成道的伽耶城。城内荒

那烂陀寺遗址

① 参见晁华山：《佛陀之光——印度与中亚佛教胜迹》，北京：文物出版社，2001年，第110页。
② 参见贾应逸、祈小山：《印度到中国新疆的佛教艺术》，兰州：甘肃教育出版社，2002年，第68页。
③ 参见姜瑜：《印度佛教遗迹考查》，《南京艺术学院学报》1998年第3期。

废无人，城南20里是佛祖苦行修道6年的地方，周围遍布佛迹。释迦牟尼出家后，父亲净饭王遣送憍陈如等5位释迦族宗亲陪同修行，他们经历磨难，苦修6年，形貌枯槁，身体虚弱，却仍旧没有找到解脱之道。在伽耶城南尼连禅河边的树林中，释迦牟尼决定放弃苦修，他走进河中洗去污垢，握住树枝才勉强爬上岸来，却因体力不支而昏迷。路过的弥家女（村长的女儿）唤醒他，并喂给他牛奶后，释迦牟尼才渐渐恢复体力。但5位宗亲看到他下河洗澡还喝下了牛奶，认为他信念退转，因此舍弃他去了迦尸国的鹿野苑。却不想释迦牟尼随即在一株贝多树下觉悟成道。这些地方，后人一一起塔立像以示纪念。释迦牟尼成道之地，建有3座寺庙，寺庙有僧人居住，僧众戒律威严，寺院供给丰足。法显一路游历圣迹，很多寺塔已荒废，无人供养，唯独四大塔处相承不绝，即释迦牟尼诞生地、悟道处、初说法处和涅槃处。悟道处的大塔即指贝多树东的佛陀伽耶精舍中的高塔，这座塔玄奘也见过，称其"高百六七十尺"①。

贝多树还有一个与阿育王有关的传说。阿育王还是个孩子时，在路上做游戏，遇到佛陀化缘。阿育王很高兴，就从地上掬了抔土布施给佛陀。佛陀拿了土回去，用它来铺经行的地面。因为这件事，阿育王有了好的果报，做了统治阎浮提洲的铁轮王。有一次，他乘铁轮车在阎浮提洲巡察之时，看到了用铁围在两山之间惩治罪人的地狱。阿育王就问群臣："这是什么地方？"大臣们回答："这是鬼王阎罗惩治罪人的地方。"阿育王想："鬼王能建地狱惩治罪人，我是人间帝王，何不建造一座来惩罚人间的罪人？"随即他问大臣们："谁能来当人间地狱的主人惩治罪人？"臣下答："只有极恶之人能担当这样的重任。"国王就派人四处寻找，看到池边有一人长得又高又壮，黑色皮肤，黄色头发，眼睛发青，脚踏大鱼，口呼飞禽走兽。大臣立即将此人带来交给国王。

① （唐）玄奘、辩机著，季羡林等校注：《大唐西域记校注》，北京：中华书局，2000年，第672页。

国王密令他："你要建造四面高墙，里面种上花果，建造华丽的浴池，让人心生羡慕，忍不住想进来。门户要做得十分坚固，只要有人进来就抓住，想尽办法惩罚他，不让他出去。假设我进来，也要治罪，不得放行。我现在就任命你做地狱之王。"有个和尚，化缘时进入了地狱之门，狱卒见后，要治他的罪。和尚惊恐地请求道："给我片刻，让我吃顿午饭。"不一会儿，又有人进去了，狱卒就把那人放在碓中捣，鲜红的血流了一地。和尚见此情景，感叹道："苦海无边，四大皆空，犹如泡沫，既生又灭。"在他思考之时，就证得了罗汉道。随即，狱卒也将和尚扔进汤锅中，和尚心情愉悦，煮锅的火顿灭，锅中沸水变成了冷水，并且长出了一朵莲花，和尚就端坐在莲花之上。狱卒立马报告国王："狱中出了件稀奇事，请大王前去观看。"国王说："我以前有约定，现在不能去。"狱卒说："这并不是小事，大王应当立即前住。"阿育王便将以前的约定更改，进了地狱。进地狱后，和尚为国王讲佛法，国王信奉，得到解脱，便摧毁了所建的地狱，忏悔以前所做的种种恶事。自此以后，信奉佛法，并经常到贝多树下悔过自责，接受8项戒约。[1] 由于阿育王经常去贝多树下忏悔，夫人趁他不在的时候将树砍了。阿育王看到此场景，晕倒在地，大臣们用水将他喷醒。阿育王命人把树的四周堆砌起来，并用牛奶浇灌，匍匐于地发誓说："若树不生，我终不起。"[2] 话毕，树便由根部生出。法显到时，此树高近10丈。

伽耶城在今印度巴哈尔邦的格雅，城南11千米的菩提伽耶，又称佛陀伽耶或菩提道场，就是释迦牟尼成道之处，有摩诃菩提神庙群。该地的菩提树2000多年内遭两次砍伐、一次风灾，但又长出了新芽，现在这棵树据说是原先那棵的"四世孙"。现存早期佛教遗址不多，有一

---

① 参见章巽著，芮传明编：《〈法显传〉校注 我国古代的海上交通》，上海：复旦大学出版社，2015年，第107页。

② 章巽著，芮传明编：《〈法显传〉校注 我国古代的海上交通》，上海：复旦大学出版社，2015年，第108页。

处寺院遗址，大约建造于阿育王时期，出土有金刚宝座和围绕寺院的石栏楯。金刚宝座位于菩提树下，释迦牟尼坐此悟道，现在的石座是后人所建，上有一尊佛陀坐像。石栏楯传说为阿育王后人所修的保护性建筑，上面的浮雕是笈多王朝时刻的。[1]其中佛陀伽耶大菩提寺金刚宝座塔是为纪念佛陀树下成道的大塔，始建于6世纪笈多王朝时期，金刚宝座塔高52米，现存建筑是12世纪重建、19世纪修复的。12世纪重建后的大塔具有复杂而繁琐的密教艺术特征，塔身上有着繁密的壁龛浮雕图案。[2]塔周围有中国历代到过此地的高僧所立石碑。这五方菩提伽耶碑19世纪前相当一段时间被埋在土丘中，是前人为免其遭到毁坏而为，1881年被发掘后，举世震惊。

阿育王朝拜菩提道场 东门正面左柱第二格[3]

沙畹整理菩提伽耶第2号碑铭

---

① 参见晁华山：《佛陀之光——印度与中亚佛教胜迹》，北京：文物出版社，2001年，第31页。

② 参见王镛：《印度美术》，北京：中国人民大学出版社，2010年，第335页。

③ 扬之水：《桑奇三塔 西天佛国的世俗情味》，北京：生活·读书·新知三联书店，2012年，第188页。

菩提伽耶第1号碑雕像

初转法轮处：鹿野苑

以巴连弗邑为中心，法显参访了附近的许多佛迹。巴连弗邑东南有一座鸡足山，山中树木茂盛，常有野兽出没。但因是佛弟子迦叶的涅槃之所，因此常有人上山供养。由巴连弗邑沿恒水西行，有旷野精舍，释迦牟尼在此降服诸鬼。再向西行，就到了迦尸国波罗㮈城。迦尸国是古印度恒河中游著名古国，首都波罗㮈城位于恒河北岸，是今天北方邦东南的瓦拉纳西（贝拿勒斯）。这里交通发达，顺恒河东下可到巴连弗邑，北上可达拘萨罗国舍卫城，是恒河中游重要的工商业中心。波罗㮈城东有著名的鹿野苑精舍。传说鹿野苑中本有辟支佛居住，一天他们听到众天神在空中唱道："净饭王子出家学道，再过七天就要成佛。"辟支佛听到后，就涅槃了；又因这里常有野鹿栖息，所以被称为仙人鹿野苑，后人在此处建造了精舍。释迦牟尼成道后，憍陈如等5人想来鹿野苑度化并居住在此，可是这5人以为佛陀的修行没有结果，想过世俗的生活。他们商议道："他苦行了六年，每天吃一麻一米，尚且不能得道，况且世俗生活，要在人间随心所食，还能得什么道？他今天来找我们，一定不要和他说话。"释迦牟尼来到后，5人却不禁全部站立起来向他礼敬。向北走60步，佛在这里东向而坐，初转法轮，即初次说法。① "法轮"的"轮"，是印度古代战争中的一种武器，形状像个轮子。古印度将战功赫赫、征服四方的君主称为"转轮王"。在这里，"轮"用以比喻佛所说的法。佛的法轮一转，就要将悟出的真理传播给众生，因此人们将佛说法称为"转法轮"。佛教史上，释迦牟尼在鹿野苑向憍陈如5人的初次说法被称为"初转法轮"，是佛一生中的重要事件。鹿野苑的法轮转动了佛法，也转来了"众生的平等"——女性弟子得以加入佛门。鹿野苑的5位比丘尼和富豪耶舍的家人都是幸运的，他们都是佛法光大的受益者。富豪耶舍的家人就是第一批在家信众，成为"优婆塞"与"优婆夷"。有关鹿野苑的来历，还与佛本生故事中的九色鹿及鹿王本生故事有关。释迦牟尼前世为鹿王时，曾舍命在江边搭救过一个快要被淹死的人。后来某国王妃想得到鹿王的皮毛做衣服，便悬赏重金求捕鹿王。这个人因被鹿王救过，认识鹿王身上的九色毛，又希得重金，便做了忘恩负义的事。他去王宫告了密，最终因此受到惩罚。因佛曾为鹿王，鹿王在印度古文字中为沙朗那，后简称为沙那。沙那就是萨尔纳特，现今鹿野苑所在地，位于北方邦瓦拉纳西东北郊10千米。

　　法显到达鹿野苑时，那里只有两座寺院，寺中有僧。后来玄奘到时，有伽蓝30多所，僧徒3000多人，但当地人"多信外道，少敬佛法"②，印度教的天祠有百余所，教众万余人，佛教已开始衰微，印度教逐渐兴起。13世纪时，鹿野苑大部分的佛教建筑被入侵的伊斯兰教徒

① 参见章巽著，芮传明编：《〈法显传〉校注 我国古代的海上交通》，上海：复旦大学出版社，2015年，第114页。
② （唐）玄奘、辩机著，季羡林等校注：《大唐西域记校注》，北京：中华书局，2000年，第557—558页。

所毁。19世纪以后其遗址和文物被陆续发现。最为著名的是阿育王石柱，玄奘描述石柱"高七十余尺。石含玉润，鉴照映彻"①。石柱旁有法轮塔，全为砖造，建于笈多王朝时期，发掘出两个装有传说是佛舍利的盒子。作为醒目的宗教景观，这座塔有巨大的圆形台基，侧面刻有浮雕，台基上是直径略小的圆柱形塔身，塔身上面是覆钵丘。阿育王石柱现仍残存五段，最下面一段基座仍在原地，其他四段散立周围，柱身刻有铭文。柱头最高处的巨型法轮已残毁，由四头面向四方的狮子承托，狮子下方的圆柱面依次雕刻狮子、牛、象和马4个动物，中间用法轮隔开，下方是倒覆的莲花纹样，整个柱头打磨得十分光滑。这个柱头具有政治与宗教双重寓意，借顶端向四方怒吼的雄狮，既隐喻佛陀响彻世界的法音，又显示孔雀王朝远震四方的声威。②现在这个柱头收藏于萨尔纳特考古博物馆内。1950年被选作印度共和国国徽的图案，图案下面用梵文写着"唯有真理得胜"。每年5月的月圆日，鹿野苑都会举行庙会庆祝"佛诞节"，届时会有隆重的行像活动，和印度教的"十胜节"和"灯节"一样热闹。③

今天的瓦拉纳西城是北方邦的宗教文化中心。除佛教外，它还是两位耆那教先知的诞生地，城内的穆斯林也不少，又是印度教的圣城。由于印度教将恒河视为最神圣的河，恒河畔的瓦拉纳西也就成了最神圣的城市。恒河岸边有大大小小近百个小码头，这些码头专供印度教徒沐浴朝圣，连接码头的是几十级甚至上百级的石阶，这些台阶被称作"伽特"，是历代王公贵族捐助的，被认为可以积德行善。

出鹿野苑西北行，有一小国拘睒弥，即《大唐西域记》中的憍赏弥国，都城故址在今印度北方邦安拉阿巴德西南。考古发掘有石柱铭文

---

① （唐）玄奘、辩机著，季羡林等校注：《大唐西域记校注》，北京：中华书局，2000年，第563页。
② 参见王镛：《印度美术》，北京：中国人民大学出版社，2010年，第34页。
③ 参见姜瑜：《印度佛教遗迹考查》，《南京艺术学院学报》1998年第3期。

耆那教寺庙塑像

和几处佛迹。由此再南行200由延，便可到达南天竺的达嚫国。达嚫国有一座著名的建筑，传说是过去迦叶佛的寺院。从拘睒弥国到达嚫国几乎都是路途艰险的山路，如果想要去寺院参观，必须用钱和货物贿赂达嚫国的国王，得到他的允许，他才会派人护送。路途上也是需要辗转多次，才能到达。法显是从汉地过来取经的和尚，身上没有钱财，无奈只得放弃前去的打算。有关过去迦叶佛寺院的情形，法显是从拘睒弥当地人那里听说的。

据说这座建筑是在山里凿穿了石头修成的。它一共有五层：最下层为象形，有500间石室；第二层为狮子形，有400间石室；第三层为马形，有300间石室；第四层为牛形，有200间石室；第五层为鸽形，有100间石室。顶层有泉水流淌，泉水沿石室前环绕而下，弯弯曲曲，交相呼应，一直到最下层，顺着石室从门中流出。各层石室中都有凿穿山石做成的窗户，用以通光，室内十分明亮。为了方便行走，石室的四角上面有凿石做成的梯，沿梯可到达石室各处。这座寺院名叫波罗越，是天竺名鸽的意思。这里荒凉远僻，附近没有民居，寺中常有罗汉居住。远处的村子闭塞寡闻，不知佛法。那里的居民常见有人飞到波罗越寺，于是，一些其他国家的道人想来礼拜此寺，沿途往寺庙方向走，那个村庄的人就问："你为什么不飞着上去？我看见这里的道人都能飞。"道人打趣地说："我的翅膀还没长成。"估计法显在脑海中也出现过，自己走路上鸽寺，被当地无知人调侃的场景。虽然有没能亲眼所见的遗憾，但是法显关于达嚫国的记录还是很翔实生动的。法显和道整又顺着恒河东下返回了巴连弗邑。

求取真经：巴连弗邑

法显回到巴连弗邑时，已是东晋义熙元年（405），这是他西行的第7年。白驹过隙的7年里，他游历了许多地方，也失去了几个同行的友人，但是来印度的最终目的并没有实现。本就因为中原戒律缺失，他才远赴西土。在北天竺时，各寺院的僧侣是口授传经，没有手抄的经本和戒律，"是以远步，乃至中天竺"[①]。终于在巴连弗邑，法显见到了《摩诃僧祇众律》《萨婆多众律》《杂阿毗昙新论》《綖经》《方等般泥洹经》《摩诃僧祇阿毗昙》等经的写本，入天竺求律本的愿望真正得以实现，他在这里停留了3年，学习梵文梵语，抄写律本。

法显在这里的摩诃衍寺得到了一部手抄本《摩诃僧祇众律》。释迦牟尼在世时，这部戒律最初为大众部的僧人所奉行，在给孤独园中流传。法显非常看重此书，他认为这个本子广备众说，用以解释疑难时，只有这部律典最完备。法显在摩诃衍寺见到律本后，在阿育王塔南的天王精舍抄得梵本，回国后于东晋义熙十二年（416）十一月到义熙十四年（418）二月，与佛陀跋陀罗（觉贤）在建康道场寺共同译出。《萨婆多众律》大约有7000句偈文，是中国汉地广为流传的戒律，但是当时在汉地这部律典只能口口相传，没有文字记录的抄本，因此当法显在这里得到了这部戒律的原文时，格外高兴。法显又在这里的僧众中得到大

---

① 章巽著，芮传明编：《〈法显传〉校注 我国古代的海上交通》，上海：复旦大学出版社，2015年，第118页。

约有6000句偈文的《杂阿毗昙新论》，有2500句偈文的《綖经》，有5000句偈文的《方等般泥洹经》，还有《摩诃僧祇阿毗昙》。这些律本在法显回国后大多译出流传。

道整自从到了中天竺以后，看到这里佛法兴盛，戒律严谨，僧侣仪表风范威严，回想到汉地戒律残缺不全，他发誓道："自今已去至得佛，愿不生边也。"①他下定决心，留在巴连弗邑学习佛法。法显本就希望完备的戒律在汉地流通，因此独自踏上了回国的道路。

法显沿着恒水东下18由延，便到了北天竺东部地区的瞻波大国，瞻波国首都故址在今印度比哈尔邦东南部帕格尔布尔略西不远处，这里现今还有瞻波邑这个地名。该国有佛精舍、佛经行处等佛迹，这些地方都建了佛塔，均有僧人居住。法显没有在此地逗留，就继续沿恒水东行50由延，到达了多摩梨帝国（今加尔各答附近）。多摩梨帝国即《大唐西域记》中所提到的躭摩栗底国，"国滨海隅，水路交会，奇珍异宝，多聚此国，故其国人大抵殷富"②。义净赴印度时在这里登陆，也在这里启程归国。该国位于恒河入海口，是印度东部重要港口。其首都故址在今印度西孟加拉邦南部的德姆卢格，位于加尔各答西南不远。传说释迦牟尼曾在此地讲法，因此这里佛法也非常兴盛，所藏经书画像丰富。多摩梨帝国有24座寺院，诸多僧人在此学法，法显在这里居住了两年，抄写经书并描摹佛像。

义熙五年（409）的初冬，乘着东北季风，法显搭上了商船，向西南方印度洋中的师子国航去。

---

① 参见章巽著，芮传明编：《〈法显传〉校注 我国古代的海上交通》，上海：复旦大学出版社，2015年，第118页。

② （唐）玄奘、辩机著，季羡林等校注：《大唐西域记校注》卷一〇，北京：中华书局，2000年，第806页。

泛 海

东 归

第 六 章
九死一生携经渡重洋

义熙五年（409），已经离开中原
10年的法显再次踏上旅途，到达师子国
（今斯里兰卡），在补足经籍之后，于
义熙七年（411）开始东归故土。义熙
八年（412），法显于青州长广郡牢山
（即今崂山，属山东省青岛市）登陆回
国。此后，法显将自己的余生奉献给了
佛经翻译事业，为中国佛教理论的发展
作出杰出的贡献。

师子国求法

东晋义熙五年（409）年底，法显从多摩梨帝国搭乘商船，继续向西南方向行进，历经14个昼夜，到达了位于南亚次大陆南端印度洋上的岛国——师子国。法显在师子国的所见所闻，向我们展示了5世纪初师子国的风土人情和佛教兴盛的画面，同时，中斯两国的"千年佛缘"也由此开启。

至师子国

师子国，亦作执师子国，是僧伽罗或僧诃罗的音译，即锡兰岛，今天的斯里兰卡共和国。"斯里兰卡"在僧伽罗语中意为乐土、光明富庶的土地。我国史籍中曾称其为"狮子国""师子国""僧伽罗""锡兰"等。至于斯里兰卡为何以"狮子"为国号，据《大唐西域记》中所载僧伽罗国"执师子"的传说，斯里兰卡的开国君主有狮子的血统，为了让百姓安居乐业，他大义灭亲，亲自结束了自己父亲（雄狮）的性命，后人因其先祖擒执师子有功，所以就以此为国号。

海上乐土

法显到达师子国时，正当师子国国王摩诃那摩王当政初期（406—428）。其时师子国社会稳定，经济繁荣，对外交流不断，各方面有了很大的发展，实是一处海上的乐土。如法显所闻，"其国立治已来，无有饥荒丧乱"[1]，整个国家呈现出一派国泰民安、欣欣向荣的景象。法显在传记中对师子国的地理环境、气候、物产、历史等作了简要介绍。

---

[1] 章巽著，芮传明编：《〈法显传〉校注 我国古代的海上交通》，上海：复旦大学出版社，2015年，第125页。

据法显所记，师子国在岛上，东西50由延，南北30由延，周围有数百个小岛，岛与岛之间相距或10里、20里，或200里，它们围绕着最大的岛分布，被大岛所管辖。

另外，法显所提及的师子国周围的100多个岛屿在斯里兰卡本国文献中未见记载，这些小岛今天也已经不存在了。不过"斯里兰卡沿海许多地名都沿袭传统，称'岛'，一定程度上可以证明法显所记非虚"[1]。

气候和植被方面，法显说师子国气候合适，没有冬天和夏天的差别，草木常年茂盛，田种随人，无有时节。四季不分，草木常茂，这是典型的热带气候。

今天位于斯里兰卡西南部的辛哈拉加森林保护区是斯里兰卡最后一片原始热带雨林，因其保留了重要的生态环境，展现了生物的演化过程，是一个具有生物多样性的重要的自然栖息地，所以被联合国教科文组织列入了《世界遗产目录》。辛哈拉加森林保护区60%以上的树木都是当地特有的树种，其中许多属于珍稀树种。保护区还生活着各种各样的野生生物，其中以鸟类为主。同时，保护区还是一些哺乳动物、爬行动物和两栖动物的家园。[2]

斯里兰卡自古以拥有众多的奇珍异宝而闻名，有着"宝石之国"等美誉。据法显所记，师子国物产丰饶，盛产珍宝和珠玑，而尤以摩尼珠最负盛名。摩尼珠是佛教法物中最珍贵的一种宝珠，在师子国其产地方圆10里，国王派人严加守护，若有开采，要缴纳高达30%的开采税。国内各个寺院的僧库也储藏着许多珍宝和无价的摩尼宝珠。据说国王有一次进入僧库参观，看到摩尼珠，"即生贪心，欲夺取之"[3]。不过他

---

[1]　郭永琴：《法显与中国古代交通》，《五台山研究》2010年第3期。

[2]　参见联合国教育、科学及文化组织编著，钟娜等译：《世界遗产大全》（第二版），合肥：安徽科学技术出版社，2016年，第316页。

[3]　章巽著，芮传明编：《〈法显传〉校注　我国古代的海上交通》，上海：复旦大学出版社，2015年，第125页。

3天后就悔悟了，亲自到僧人那里稽首赔罪悔过，并告诉僧人，希望他们设立制度。自此以后，国王不能进入僧库参观，比丘戒满40年才允许进入。

据法显了解，师子国原来并没有人居住，而是居住着鬼神和龙，各个国家的商人到这里来交易，交易时鬼神不显形体，只拿出宝物，标示出价格，商人则依照价格直接取物品交易即可。因为商人在这里来来往往，各个国家的人听说这里安逸舒适，于是越来越多的人来到这里定居，由此才形成了师子国。这是一个充满了迷幻色彩的传说，如果将"鬼神"这些迷信成分去掉，可以清楚地看出斯里兰卡对外商贸往来的发达，其国家的兴盛与商业的发展息息相关。

地处印度洋中心的斯里兰卡，向东穿过马六甲海峡可达中国，东北可直达缅甸、泰国等东南亚国家，西隔波斯、红海、东非与欧洲相连，北面又与印度隔海相望。因此，自古以来，斯里兰卡成为海上丝绸之路的重要中转站，在连接东西方贸易中扮演了重要的角色。中国的丝绸、瓷器等物品大多经斯里兰卡转运至印度、波斯、非洲以及欧洲地区。而欧洲、非洲等地的香料、象牙、琥珀、玛瑙等异域珍品也通过斯里兰卡运到东方。斯里兰卡这一海上贸易的"乐土"为推动东西方海上交通的发展以及增进各国人民的友谊作出了重要的贡献。

参访王城

在师子国时，法显主要是在该国的都城游学参访，即传记中所述的王城。王城里的房屋修建得庄严华丽，巷子和街道也非常整齐，道路四通八达。城中居住着很多的居士、德高望重的长者和阿拉伯萨薄商人。法显所见的王城，今名阿努拉德普勒（或译为"阿努拉达普拉"）。阿努拉德普勒位于斯里兰卡中北部，是斯里兰卡最古老的城市和佛教圣地。它始建于前5世纪，在前380年成为斯里兰卡的都城，并且在之后的1000多年里，是斯里兰卡王权所在地，享誉东亚、阿拉伯国家及欧洲地

古王城遗址

区。10世纪，由于受到南印度的入侵和宫廷继承权的争夺，斯里兰卡迁都，阿努拉德普勒最终成为弃城。19世纪古皇城遗址被发现，并且修缮至今。据说，这座当时以旅馆、医院和无以匹敌的水利系统为代表的古城，是古代城市规划、设计的典范。它作为世界文化遗产，得到了联合国教科文组织的承认。今天，镶嵌在池塘、湖泊和古代公共场所之间的名胜古迹吸引着世界各地的游客。[①]5世纪初，法显来到阿努拉德普勒的时候，正是它最为繁盛的时期。

值得一提的是，斯里兰卡在给各个朝代命名时有一个特点，即依历代都城所在地的名字来划分斯里兰卡的历史。如法显到达师子国时，师子国的都城是阿努拉德普勒，这一时期在斯里兰卡历史上便是阿努拉德普勒时期。再如，10世纪时，继阿努拉德普勒之后，波隆纳鲁沃城成为斯里兰卡新的都城，这一时期便称为波隆纳鲁沃时期。波隆纳鲁沃古城

---

① 参见《使馆商社贸易快讯》杂志社编辑：《走进斯里兰卡》，北京：世界画报出版社，2007年，第175页。

阿努拉德普勒城内的佛塔

波隆纳鲁沃古城

位于斯里兰卡东北部，在阿努拉德普勒衰败之后，11世纪中期至13世纪成为了斯里兰卡的首都。1982年波隆纳鲁沃古城作为文化遗产，被联合国教科文组织列入《世界遗产名录》。

佛法之岛

法显离开天竺，南下师子国原本打算取道海路归国，然而根据《法显传》的记载，他在师子国停留了两年之久，是什么让这位归心似箭的七旬老人在万里之外的一个岛国居留两年呢？答案当然只能是佛法。

据斯里兰卡史传《大史》及相关史料记载，佛教正式传入斯里兰卡是在前3世纪中期，亦即印度孔雀王朝最为兴盛的阿育王时期（前273—前232）。[①]佛教传入斯里兰卡要归功于阿育王，他在武力统一印度之后，便皈依了佛教，并遵从目犍连子帝须[②]的教导整顿了僧团，还举行了佛教历史上的第三次结集。此次结集之后，阿育王为了弘扬佛法，派出9个使团前往国外弘法，其中赴斯里兰卡传播佛教的僧团便由其子摩哂陀（又译作摩酰因陀罗、摩呻提）[③]率领。前247年，摩哂陀到达斯里兰卡之后积极传播佛法，在其影响下，国王、大臣以及百姓纷纷皈依佛法。摩哂陀的弘法布教成为佛教在斯里兰卡传播的滥觞。此后，在统治者的大力倡导之下，斯里兰卡的佛法极为昌盛。200年之后，佛教教义首次被用文字在斯里兰卡记录下来，从而确保了文本的正确和真实。因而在世人眼里，斯里兰卡也被视为保存了最纯净佛教经籍的地方，以佛法之岛闻名于世。对于那些求法旅行者，尤其是那些希望了解佛祖最原始佛经的人而言，斯里兰卡无疑是他们心目中的圣地。[④]

法显于5世纪初到达师子国时，正值师子国佛教兴旺、各派争鸣的时期。他在传记中记载了此地佛教的兴盛。师子国国王净修梵行，人民也笃信佛法，城内街衢道头都建有讲法堂，每月的八日、十四日、十五日会铺设坐席，出家人与居士们集中在一起听法。国王特意在城内准备可供五六千僧人食用的斋饭，过去吃斋饭的人，拿着自己的钵盂，无论什么样的容器，都能满满当当地拿回来，正所谓"随器所容，皆满而

---

① 参见魏道儒主编：《世界佛教通史》第12卷，北京：中国社会科学出版社，2015年，第12页。
② 单称帝须，印度阿育王时代人，以大梵天帝须自梵天下降，托生于目犍连婆罗门家，故称目犍连子帝须。
③ 关于摩哂陀的身份，另有不同的说法。玄奘在《大唐西域记》中记载摩哂陀是阿育王的弟弟，但在南传佛教信仰区域内，普遍流行的说法为摩哂陀是阿育王的儿子。参见魏道儒主编：《世界佛教通史》第12卷，第13页。
④ 参见［斯里兰卡］K.N.O.Dharmadasa：《法显在斯里兰卡》，《佛学研究》2011年第1期。

还"①。国王还为众僧修建新的精舍，建造前先设大会，供养众僧，然后选两头最好的牛，用金银宝物装饰牛角，举行躬耕仪式。国王亲自拿金犁耕地，最后割给寺院民户和田宅，写好铁券文书，如此世世代代相承不改。

法显的记述足以表明，师子国确实是一个"佛法之岛"。身处这样一处佛教圣地，法显抑制住了自己归国的急迫心情，开始有计划地在这里拜谒佛教圣地，拜访大德沙门和研读抄写佛典。

观无畏山寺

据法显记载，佛祖释迦牟尼曾到师子国度化恶龙，并留下了两个脚印，一个留在首都王城的北部，另一个留在了距王城北部约24千米远的一个山顶上。后来在王城北部所留的脚印上建了一座高约40丈的大塔，且用金银宝物装饰，金碧辉煌，庄严肃穆。法显所记的"山顶"，指的是今天斯里兰卡南部的亚当峰。亚当峰，又称圣足山，法显到达师子国时，圣足山已是有名的佛教圣地。传说佛祖释迦牟尼三次来到斯里兰卡，其中第三次来岛时到过萨马纳拉山，并向这里的山神沙曼谛宣讲佛法，还留下了一个脚印，形成一个15米长、0.8米宽的凹陷大坑，因此佛教徒把这座山称为圣足山，它也成为佛教徒登山朝拜的圣地。不过，不同的宗教对这一"圣足"有不同的解释。基督教徒认为，当年人类始祖亚当从伊甸园重返人间途中降落在此山，在山顶单脚站立了千年留下这一足迹，所以才称为"亚当峰"。伊斯兰教认为，这一足迹是穆罕默德来到圣足山留下的，在穆斯林看来，这是真主安拉的足迹。印度教徒则认为，这一足印是湿婆神留下的。亚当峰沉默不语，没有回答，只是安然地接待着远道而来的朝觐者，因为它知道，这并不影响人们的朝拜。各个宗教的信徒到圣足山朝拜，圣足山成为四大宗教共同的圣地。直到

---

① 章巽著，芮传明编：《〈法显传〉校注 我国古代的海上交通》，上海：复旦大学出版社，2015年，第126页。

现在，每年还有几十万人来到这里朝圣。

作为一名虔诚的佛教徒，圣足山是法显瞻拜的重要地点。据说，当年法显从阿努拉德普勒城出发，前往圣足山的途中在今科伦坡以南布拉特辛哈地区的一个山洞里休息。这里的人们对法显十分崇敬，为了纪念这位外国来的高僧，便把这座山命名为"法显山"，他休息过的山洞称为"法显洞"。千百年来，法显洞一直受到斯里兰卡佛教徒的香火供奉。今天法显山下，在茶林深处坐落着一个300来户的小村落，村口立有石碑，用僧伽罗文、中文和英文铭刻着"法显石——斯里兰卡——中华人民共和国友谊村"的字样。20世纪80年代初，斯里兰卡政府向中国政府提出重建法显石村的建议，中国政府同意并提供了220万卢比的援款。该工程于1981年7月16日正式开始，在中斯两国的共同努力下，这里的道路、住房等条件都有了很大的改善，整个法显石村焕然一新。法显石村的村民对中国也满怀感激。此外，离法显洞不远还有一座古庙，不过早已残破。为了纪念法显，1980年法显石村的人又建了一座新庙，斯里兰卡总统亲自为它立了碑。庙里供有一尊身长18米的新雕大卧佛。

法显石村

无畏山寺僧人用斋处遗址

现在庙里成立了法显洞保护发展基金会，他们希望借此将法显洞充分保护和利用起来。[①]"法显山""法显洞"和"法显石村"，既是法显精神的传递，又成为了见证中斯友谊的永久地标。

大塔的旁边，即今阿努拉德普勒古城北部有一座名为无畏山的寺院，这就是法显当时在师子国的居所。无畏山寺始建于前1世纪，寺院规模宏大，据法显描述，寺内有5000名僧人，院内有一佛殿，"金银刻镂，悉以众宝"[②]，即用金银雕刻镂花，用各种宝物装饰，里面还有一尊青玉佛像，2丈高（一说3丈），佛像"通身七宝炎光"，其威严庄重难以用言语进行形容。佛的右手中有一颗宝珠，当是无价之宝。

无畏山寺佛教氛围浓厚，大小乘兼收并蓄，参拜者络绎不绝，是整个师子国佛教的中心，法显见到这一圣地，不禁感慨万千。法显和道整等人从长安出发西行求法，在张掖时遇到了智严、宝云等人，求法队伍进一步壮大。但此后这些僧人或回国、或去世、或留在天竺，庞大的求法队伍如今只剩下法显孤身一人，形影相吊。长年身在异国他乡，他所接触的也是域外人士，连山川草木也没有相识的，想着这些，法显心里

---

① 参见江勤政：《中国和斯里兰卡的故事》，北京：五洲传媒出版社，2017年，第16—17页。

② 章巽著，芮传明编：《〈法显传〉校注 我国古代的海上交通》，上海：复旦大学出版社，2015年，第124页。

感到无限悲伤。恰好这时，法显在青玉像旁边见到有一商人用来自晋地的白绢扇供养，立即触发了他的爱国思乡之情，不由得潸然泪下。这是法显西行途中第三次落泪，这一次，既不是为了同伴的离世，也不是为了佛法的衰落，而是为了那魂牵梦萦的祖国。

瞻仰贝多树

今天的阿努拉德普勒城内有一棵巨大的菩提树，它就是法显所见到的"贝多树"，法显对这棵树有一段细致的描绘。菩提树位于无畏山佛殿的旁边，高20丈，树向东南方倾斜，国王恐怕树倒下，就用八九个围柱将树撑了起来，树在支撑的地方又生了分支，穿过柱子生长，入地成根。柱子虽然裂了，但仍然裹在外面，人们也没有把它清理掉。树下建了一座精舍，当中有个坐像，"道俗敬仰无倦"。

关于贝多树的来历，《法显传》记载，其国前王（天爱帝须王）刚登位时，即佛教刚刚传入师子国的时候，"遣使中国，取贝多种子，于佛殿旁种之"[①]。这里的"中国"指的是摩竭提国，所谓的"取贝多种子"，据斯里兰卡史书记载，摩哂陀在斯里兰卡传播佛法以后，信徒越来越多，许多女子也要求剃度出家，但是却无人能为她们剃度，摩哂陀就邀请他的妹妹僧伽蜜多来师子国传教。僧伽蜜多来到师子国后组成了比丘尼团，积极弘法传道。此外，僧伽蜜多还从佛祖坐在树下成道的那棵菩提树上折下一枝幼苗栽种于阿努拉德普勒，菩提树从此开始在师子国生根发芽，因其象征着佛陀成佛觉悟而受到人们的礼拜。

历经2000多年的风吹日晒，如今的菩提树依然枝繁叶茂，它成为阿努拉德普勒城内最著名的景点，是斯里兰卡仅次于佛牙的国宝。前来朝拜的信徒们对它敬仰崇敬，不敢有丝毫的懈怠之心。1600多年前，来到此树下，法显驻足瞻仰，仰望着这棵象征着佛法起源的传奇之树，想

---

① 章巽著，芮传明编：《〈法显传〉校注 我国古代的海上交通》，上海：复旦大学出版社，2015年，第124页。

阿努拉德普勒城内的菩提树

必心中感慨万千。曾经佛祖就是在与之同根同源的枝干下静坐7天7夜悟道成佛，而此时的他多么渴望能够聆听佛祖的教诲，为自己指引前路的方向。

礼佛齿精舍

法显对师子国印象最深的要数该国举行的盛大的佛牙游行和供养法会。佛牙是斯里兰卡佛教盛行的一大标志。关于佛牙如何传入斯里兰卡有不同的说法，一种说法是：四五世纪，印度羯陵伽国（哥达瓦里河以北，孟加拉湾沿岸）发生内乱，该国的王子和王妃偷偷藏了一颗佛陀圣牙逃到了斯里兰卡。斯里兰卡的国王亲自将佛牙放到宫中，还请无畏山寺的长老主持了盛大的奉祀典礼。也有传说在印度羯陵伽国的一场战争中，公主从印度逃到斯里兰卡避难，公主将佛祖释迦牟尼的一颗佛牙藏在头发之中，将佛牙带到了斯里兰卡，此后一直珍藏在这里。自此，佛牙成为斯里兰卡的国宝。这是斯里兰卡佛教史上的大事，也是斯里兰卡文化史上有意义的事件。[1]

在王城中，法显礼拜了佛齿精舍，这座供奉佛牙舍利的寺院，是七

---

① 魏道儒主编：《世界佛教通史》第12卷，北京：中国社会科学出版社，2015年，第20页。

佛牙节壁画①

宝所作。佛齿舍利在每年三月中拿出，取出前10天，国王让辩说人穿着王的衣服，骑在大象上，击鼓唱道：

> 菩萨从三阿僧祇劫，苦行不惜身命，以国、妻、子及挑眼与人，割肉贸鸽，截头布施，投身饿虎，不吝髓脑，如是种种苦行，为众生故。成佛在世四十五年，说法教化，令不安者安，不度者度，众生缘尽，乃般泥洹。泥洹已来一千四百九十七年，世间眼灭，众生长悲。却后十日，佛齿当出至无畏山精舍。国内道俗欲殖福者，各各平治道路，严饬巷陌，办众华香，供养之具。②

　　唱罢，国王会在道路两边让人扮演佛本生故事中的各种形象，如须

---

① 参见《图行世界》编辑部编著，杨诗源撰：《斯里兰卡：最纯净的岛屿》，北京：中国旅游出版社，2016年，第85页。
② 章巽著，芮传明编：《〈法显传〉校注 我国古代的海上交通》，上海：复旦大学出版社，2015年，第126页。

大挐、睒子、象王、鹿、马等等，这些形象色彩鲜艳，栩栩如生。而后佛牙才出，从路中而行，一路上都受到供养，一直到无畏山精舍的佛堂之上。道俗云集，烧香、点灯，种种法事，昼夜不停，满90天后，再将佛牙送回佛牙精舍。城内的精舍在斋日会开放门户，供信徒礼敬。这佛牙节规模之大、时间之长，可以说是各地少有，由此更可看出师子国佛教的兴盛。

佛牙传入斯里兰卡以后，不仅成为斯里兰卡的国宝，而且还是王权的标志，"当朝者的权力又与占有佛牙相联系，佛牙到哪里，哪里就是首都，也就是权力的神秘活动中心。每次当君主们改变其首都时，他们便会运走其最珍贵的财宝——已经变成君主权力象征的佛牙"①。如今斯里兰卡的佛牙寺位于康提古城之中。康提古城，又称"桑卡达加拉普拉"，是僧伽罗王国的最后一个首都，也是一个闻名遐迩的佛教圣地。1592年，僧伽罗王国定都康提，此后，康提便成为僧伽罗王国的要塞，并一直保持独立，直到1815年被英国人占领。

康提古城佛牙寺始建于15世纪，原来是两层楼高，在被葡萄牙殖民者损毁后，17世纪时重修到三层楼高。佛牙寺包括佛殿、鼓殿、长厅、诵经厅和大宝库等建筑。其中佛牙舍利被供奉在二层阁楼的七层金塔中。因此，信徒们一般会跪在二楼的阁楼前祈祷。不过，供奉佛牙的阁楼平常不会开放，只有在佛牙节时才会将佛牙拿出来向世人展示。佛牙节是斯里兰卡最受欢迎的节日，每当节日到来时，佛牙会在康提的街道上游行。盛大的庆典持续9个晚上，由身穿华服、戴满了宝石的舞者、鼓手和大象组成的游行队伍令蜂拥而至的游客和当地人十分震撼。节日的具体日期每年不一样，主要根据满月的位置而定，通常在八月上旬。②

---

① ［法］于格夫妇著，耿昇译：《海市蜃楼中的帝国——丝绸之路上的人，神与神话》，北京：中国藏学出版社，2013年，第135页。

② 参见《使馆商社贸易快讯》杂志社编辑：《走进斯里兰卡》，北京：世界画报出版社，2007年，第191页。

康提古城佛牙寺

访大德沙门

　　除了拜谒佛教圣地，法显在师子国时，还拜见了许多精通佛法又德高望重的高僧。有一次，法显在一位天竺僧人的讲经过程中，听到了释迦牟尼的佛钵流传的经过。天竺道人说：佛钵最初在天竺的毗舍离国，现在在犍陁卫，几百年后当传到月氏国，过几百年后会传到于阗国，再过几百年传到屈茨（龟兹）国，过几百年之后又传入汉地，几百年之后再传到师子国，几百年后，又传回中天竺。传回中天竺以后，最后升到兜率天。弥勒菩萨看到佛钵后十分感叹，说这是佛祖释迦牟尼的佛钵，便和弟子们焚香供奉，7天后佛钵又回到了人间，被海龙王供奉在龙宫。弥勒将成道时，其佛钵被分为4块，四大天王如供奉佛祖的佛钵一样，供奉弥勒的佛钵。贤劫千佛共用这个佛钵，钵去以后，佛法渐渐衰落，人的寿命也变短，只有5岁。5岁之时，粳米、酥油没有了，人民也变成恶人，拿着木头就可变成刀、杖，互相伤害割杀，其中有福的人，逃避到山里，待恶人相互杀光了才出山，相互说："以前人们的寿命很长，

183

只因为作恶太多，我们的寿命才变得这么短，现在我们应当共同行善，起慈悲心，修行仁义。"之后他们各自行仁义，寿命渐渐就增长了，到了8万岁。弥勒出世后便开始说法转法轮，刚说法时，先度化佛祖释迦牟尼未度化完的弟子，后又度化万民。法显本想将此经抄写一本带回国，但天竺僧人说这经书没有文本，他只是口诵而已，法显只得作罢。①

据法显所记，从无畏山寺往东40里，有一座山，山中有一间精舍，名曰跋提。精舍有2000名僧人。其中有一位大德沙门（大德，即对年长僧人的敬称），名叫达摩瞿谛，师子国人很崇敬他。传说，达摩瞿谛曾在石室中居住了40多年，他常行慈悲之心，蛇鼠都受到感化，以至于它们再饥饿难耐也不会伤害达摩瞿谛。

此外，法显还到了位于城南7里处的一个名叫摩诃毗诃罗的精舍。摩诃毗诃罗，即《大唐西域记》中所载的大寺。相传天爱帝须王迎摩哂陀到王城后，将城南的摩诃弥伽王园布施给僧团，这便是大寺创建的开始。摩诃毗诃罗寺内有3000名僧人，也有一位大德沙门，他德行清远，戒行高洁，国人怀疑为罗汉。高僧临终之时，国王前来探望，问僧人："大师得道了吗？"僧人就依实回答："是罗汉。"等到高僧圆寂，王就依经律，按照对待罗汉的礼节安葬了他。法显到这里的时候，高僧已经圆寂。怀着满满的无奈与遗憾，法显参加了他的葬礼，并将葬礼的全过程记录下来。葬礼在距离精舍东方四五里处举行，用薪木搭建的长、宽、高各3丈的台子上放着栴檀、沉香等香木，四边呈台阶状。最后用一张净好的白色细棉布盖在薪柴上，作为一张尸床。在火葬的时候，国王和国人、僧人、居士全部聚齐，用华香供养。供养结束后，国王亲自将薪柴浇上酥油点燃。当烈火熊熊燃烧时，在场的每个人都非常恭敬、庄重，各自将上衣和羽仪华盖，从远处丢入火中，帮助火势燃烧。在火化之后，人们将高僧的骨灰收敛好，并在这里起建佛塔。

① 章巽著，芮传明编：《〈法显传〉校注 我国古代的海上交通》，上海：复旦大学出版社，2015年，第130-131页。

师子国浓厚的佛教氛围深深打动了法显，最让他激动不已的是，在这里他发现了许多珍贵的佛教典籍。在师子国停留的两年时间里（约410—411），法显潜心研习佛典，抄写了《弥沙塞律》《长阿含经》和《杂阿含经》，又得到一部《杂藏》，这些是他之前没有见过的佛典。这些藏经不仅为中国佛教戒律的发展起到重要的推动作用，后来又成为中印半岛诸佛国所依之圣典，对斯里兰卡本国佛教史研究也具有重要意义。

千年佛缘

法显远涉重洋到斯里兰卡求法，为中斯两国的友好往来，特别是佛教文化交流作出了重要贡献。1600多年以来，在法显的影响下，两国官方、民间及历代高僧大德的往来一直络绎不绝，绵延不断，中斯"千年佛缘"也随之建立起来。

昙摩献像

南北朝时期，得益于海上丝绸之路的畅通，中斯两国的政治、经济、文化等方面的交流不断，两地的僧人也互动频繁。其实早在法显之前，中斯之间就已有佛教文化交流。据《梁书》《晋书》等史籍记载，师子国国王得知东晋孝武帝崇奉佛法，便派遣沙门昙摩前往中国，将一尊玉佛像献给东晋皇帝。这尊佛像高4尺2寸，玉色洁润，形制殊特，巧夺天工。昙摩在海上航行10年，于东晋义熙二年（406）到达晋都建康。昙摩带来的这尊佛像历经晋、宋，被供奉在建康的瓦官寺，并同戴安道手制的佛像五躯和顾恺之所绘维摩诘像一起成为瓦官寺的造像三绝。昙摩献像是中斯佛教关系的第一次记录。

差不多同一时期，长安还迎来了师子国的一位婆罗门僧。他听说在后秦国主姚兴的大力支持下，鸠摩罗什在长安弘扬佛法，心中便十分羡慕，也想在长安传播婆罗门教，对门徒说："宁可使释氏之风独传震且，而吾等正化不洽东国？"①于是他不远万里骑着骆驼、携带书籍经典来到长安，向鸠摩罗什僧团发出挑战。鸠摩罗什派弟子道融同他辩论，几个回合下来，婆罗门僧不敌道融，最终在道融足下俯身顶礼后黯然离场，很快便离开长安。

比丘尼戒东传

元嘉八年（431），罽宾（今克什米尔地区）高僧求那跋摩在游历师子国和阇婆国（今印度尼西亚爪哇、苏门答腊岛）后到达建邺。求那跋摩来中国后，除了翻译了大量的佛教经典，还积极推动中国比丘尼僧团的受戒规范。佛教内律规定，男僧受戒只需在僧众面前受戒就可以了，但尼僧受具足戒时，首先依尼部十大德受戒，然后去僧寺求戒。依比丘十大德僧受戒，也就是说女尼要于女尼、比丘尼二众受具足戒。②但中土早期比丘尼受戒并没有二部僧的因缘，所以比丘尼受戒一直是不完备的。当时建邺景福寺尼慧果、净音等人因未从二众受戒，恐戒品不全，于是礼请求那跋摩为她们重受具足戒。据《高僧传》记载，当时在建邺已有8位师子国的比丘尼。但因为这些师子国的比丘尼受戒时间太短，而且人数又不满10人，所以无法为慧果等受戒。只好"且令学宋语，别因西域居士，更请外国尼来足满十数"③，就是让这些师子国的比丘尼先在景福寺学汉语，然后由那些往来于师子国和中国的佛教居士们再请师子国的比丘尼到中国，以此凑足10人的数目。

到元嘉十一年（434），商人竺难提又从师子国带来了以铁萨罗为首的比丘尼。当时求那跋摩已经圆寂，由在建邺的天竺僧人僧伽跋摩

---

① （南朝梁）释慧皎撰，汤用彤校注，汤一玄整理：《高僧传》卷六，北京：中华书局，1992年，第241页。
② 参见郝春文、陈大为：《敦煌的佛教与社会》，兰州：甘肃教育出版社，2013年，第189页。
③ （南朝梁）释慧皎撰，汤用彤校注，汤一玄整理：《高僧传》卷六，北京：中华书局，1992年，第109页。

与铁萨罗等尼共同为中国尼众300余人于二部僧中受戒。僧伽跋摩"继轨"求那跋摩，从此，中国比丘尼的二部僧受戒制度建立起来，推动了中国僧团戒律的进一步完善。比丘尼戒在中国一直延续至今，但在斯里兰卡却已经失传了。如今在斯里兰卡没有了比丘尼，只有一些剃光头、不结婚、披着黄衣的类似尼姑的守戒女。

郑和立碑

到了唐代，又有师子国僧人迦蜜多罗和不空来中国朝拜和传教。迦蜜多罗于唐高宗年间来到中原地区，他来中国的主要目的是为了到清凉山（今山西五台山）朝拜文殊菩萨。师子国高僧不空14岁跟随老师金刚智来到中国，他在华翻译佛经、宣讲佛法，还被唐玄宗派往师子国取经，带回大量的佛教典籍，成为"开元三大士"之一。

及至明代，中、斯两地仍然是来往频繁。史载郑和七下西洋，多次到达斯里兰卡。其中在1409年第二次来到斯里兰卡时，郑和带来了一块刻有三种语言的石碑，即"布施锡兰山佛寺碑"（简称"郑和碑"），并将其立于斯里兰卡的一座寺庙中。郑和碑于1911年由英国工程师托马林在斯里兰卡高尔市的下水道里无意间发现。石碑高144.5厘米，宽76.5厘米，厚12.5厘米，碑额呈拱形，石碑正面有用中文、泰米尔文、波斯文3种文字镌刻的铭文。中文碑文的内容为永乐皇帝派郑和向岛上佛教寺院布施财物供奉佛祖。泰米尔文和波斯文分别记载了对印度教保护神毗湿奴和伊斯兰教真主安拉的尊崇。郑和回国时还携回该寺的佛牙舍利，永乐皇帝在皇城内专门造了一座金刚宝座供奉。

2014年9月，习近平主席访问斯里兰卡，斯里兰卡总统拉贾帕克萨将郑和碑拓片赠送给中国。郑和碑不但是古代中斯往来的历史见证，还向世人诉说着古代海上丝绸之路的辉煌。正如中国驻斯里兰卡大使馆外交官沈鸣所说："郑和于公元1405年至1433年间七下西洋，在海外各国曾多有布施立碑记载，但时隔600多年，就碑而言，在海外遗迹尚能幸

斯里兰卡博物馆中的郑和碑

郑和碑拓片①

存者，仅此一件，文物史料价值极高。此乃中国古代海上丝绸之路和中斯友好交往的实物明证，弥足珍贵。"②

16世纪初以后，斯里兰卡相继沦为葡萄牙、荷兰和英国的殖民地，殖民者在这里推行基督教，加之清朝实行闭关锁国政策，中斯佛缘暂时中断。近现代以来，太虚法师、赵朴初居士、法舫法师、李荣熙及叶均等，先后到斯里兰卡朝圣和访学交流，中斯两国佛缘得以赓续，友谊进一步加深。

法显西行至师子国求法开启了中斯两国的"千年佛缘"，更为中斯交往开辟了一条绵延千百年的友谊之路。1600多年来，中斯之间除两三百年的交流中断外，一直保持着友好的往来。法显赴斯里兰卡求法，铁萨罗来中国传戒，郑和远洋航海在斯里兰卡驻节，《米胶协定》的签

---

① 江勤政：《中国和斯里兰卡的故事》，北京：五洲传媒出版社，2017年，第30页。
② 陶红亮主编：《印象科伦坡》，北京：海洋出版社，2018年，第3页。

订①，印度洋海啸和汶川大地震中的守望相助，斯里兰卡对中国眼角膜的捐助……这一段段佳话，见证了中斯之间深厚的友谊。今天，中斯关系站在历史的新起点。习近平主席提出共建"一带一路"倡议，得到包括斯里兰卡在内的越来越多国家的积极响应。2019年5月，习近平主席会见了来华出席亚洲文明对话大会的斯里兰卡总统西里塞纳。习近平主席强调，中斯是好邻居、好伙伴，中方愿同斯方一道，推动两国真诚互助、世代友好的战略合作伙伴关系不断向前发展。西里塞纳总统表示，斯中友好源远流长，斯方愿同中方加强共建"一带一路"合作，深化发展和安全合作。在21世纪的今天，如习近平主席所说："中斯两国友谊合作之舟必将在波澜壮阔的 21 世纪海上丝绸之路上乘风破浪，追逐民族发展的梦想"。②

浮海东还归国弘法

法显在师子国求得多部佛经典籍，这也意味着他西行求法使命的完成。东晋义熙七年（411），法显开始东归故土。在历经"浩浩鲸波"后，于义熙八年（412）登陆回国。此后，法显便潜心翻译他所带回的浩如烟海的佛经典籍，为中国佛教理论的发展作出杰出贡献。

茫茫归途度劫波

离开师子国后，法显开始浮海东归故土。然而，海上气象万千，变

---

① 1952年，斯里兰卡统一国民党政府不顾美国的封锁、禁运，开始向中国供应橡胶，换回其急需的大米。同年12月，中斯两国政府签订了第一个米胶5年贸易支付协定。其后每5年重订一次，一直延续到20世纪80年代，先后共签订了6个此类协定。参见黄心川主编：《南亚大辞典》，成都：四川人民出版社，1998年，第273页。
② 习近平：《做同舟共济的逐梦伙伴》，《每日新闻》2014年9月14日。

幻莫测，期间法显不止身历鲸波巨浪之险，而且还面临被婆罗门商人赶下商船的威胁。在历尽千辛万苦后，于义熙八年在青州长广郡牢山（即今崂山，属山东省青岛市）登陆回国。

途经耶婆提

义熙七年，法显带着所得经书，搭乘一艘能够容纳200余人的商船踏上了归国的旅途。海行艰难，在大船的后面系有一小船，是防止大船毁坏时用的。法显东航之时已经是阳历9月，正是西南季风的末期，当季风转换之时，颇不利于航行，两日之后便遇上了大风暴。船漏水入，商人到小船上去，又恐怕小船上人越来越多，就将连接小船的绳子砍断了。在狂风大作危在旦夕之际，船员们担心船进水过多，开始将粗重之物扔进水里。法显不得已也将自己的水瓶、澡罐等物扔到海中。他担心千辛万苦求得的佛经画像被商人们扔掉，只能一心诵念观世音菩萨及归命汉地众僧："我远行求法，愿威神归流，得到所止。"[①]经历了13天的风暴后，法显等人终于到达了一座小岛，等到潮水退去，才得以将船修缮完整，再次扬帆向东起航。

然而，海上气象万千，变幻莫测，法显在传记中描述道，大海茫茫无边且不时有海盗出没，方位难以辨别，只能仰仗日、月、星宿判断行进方向。若是阴雨之时，商船只能被风吹着随意飘行。当天黑的时候，大浪拍击，映着月光，就像火光一样，又有鼋、鳖等水性怪异的生物，商人慌乱害怕，也不知道方向。海深无底，也没有陆地住处，等到天放晴时，才能重新辨认方向分清东西，以此调整到正确的航向前行。如果碰到礁石，更是凶多吉少。

法显所处的时代，海上航行连指南针也没有，在茫茫无边、波涛险恶的大海之上行进，只能利用原始的天文导航，也就是在航行过程中

---

① 章巽著，芮传明编：《〈法显传〉校注 我国古代的海上交通》，上海：复旦大学出版社，2015年，第134页。

牵星板

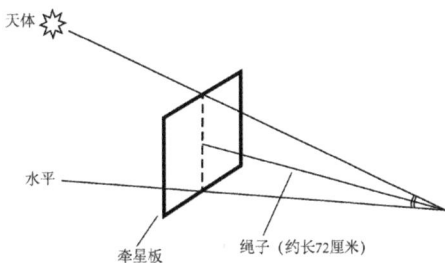

牵星术示意图

(Labels in figure: 天体, 水平, 牵星板, 绳子（约长72厘米）)

依据日、月与星宿的位置确定船只的位置。古代，这种天文导航又叫过洋牵星，包括观测方向和方位两个部分。我国汉代船员已能熟练地利用各种星体、特别是北斗星与北极星来进行定向导航了。[1]汉代的《淮南子》记载，如果乘船时分不清方向，观测北斗星和北极星就能分清了。东晋葛洪的《抱朴子》亦提到，如果在大海中分不清方向，必须要观看北极星才能找到正确方向返航。这些是利用天文知识来导航的文字佐证。牵星术是利用一种叫牵星板的简便工具来进行的，牵星板由乌木制成，从小到大共有12块，最大一块为十二指板，最小为一指板。使用的时候左手拿着牵星板一端的中心，手臂伸直，让木板的下边缘保持在同一水平线，上边缘对准所观测的星辰，这样就可以测出船舶所在地所看到的星辰距离水平线的高度了。高度不同可以用12块牵星板或象牙板替换调整。在测得星辰高度以后，就可以计算出船舶所在地的地理纬度。[2]

　　大海是无情的，对这位已近耄耋的取经老人并没有丝毫的眷顾，非得让他历经种种身体的折磨，似乎这样更能考验他心中对佛法的虔诚。在心惊胆战地度过了90多天后，众人终于到达了位于马来群岛西边的耶婆提国。耶婆提国的位置学界说法不一，或认为位于今印度尼西亚爪

---

① 参见孙光圻：《中国古代航海史》，北京：海洋出版社，1989年，第171—172页。
② 参见乔志霞：《中国古代航海》，北京：中国商业出版社，2015年，第105页。

哇岛，或认为是苏门答腊岛，或以为兼称二岛。从南北朝至明代约千年之间，该地是古代海上丝绸之路的重要节点。有意思的是，甚至有人提出，法显这次回国偏离航线这么久才返回中国，是因为他无意中发现了美洲，即法显《佛国记》书中所提到的"耶婆提"。当然，这些只是没有地理常识和史实根据的主观臆测，几不成立。

就宗教信仰而言，印度尼西亚在历史上深受印度文化的影响。早在公元初，随着印度与印度尼西亚之间的人员往来，婆罗门教开始在这里传播，并得到很大的发展。至一二世纪，婆罗门教传入爪哇、苏门答腊、加里曼丹及其周边地区，三四世纪走向兴盛。印度尼西亚历史上几个古老的王国皆奉婆罗门教为国教，遗留下来的碑文使用的是印度梵语，石碑上刻有笈多王朝时期流行的印度教神像，碑文上还有国王赐予婆罗门黄金、土地的记载。[①]法显于5世纪初到达耶婆提国，如他所看到的，此时这里流行的正是婆罗门教，对佛教还没有什么关注。法显离开之后，5世纪上半叶佛教才开始传入印度尼西亚的爪哇等地，见于记载的来这里弘佛的第一人是高僧求那跋摩。求那跋摩出生于罽宾国，刹帝利种姓，家族世代为王，为了不继承王位，他孤行山野，遁迹人世，并四处游历，先后到达师子国和阇婆国弘扬佛法。阇婆国即位于今苏门答腊岛、爪哇岛一带，在这里求那跋摩广传教化，先后为阇婆国王母及王授戒，并为王献策退敌，用咒水为王治伤，在其影响下，阇婆国全民皈依佛法。

长广郡登陆

为了等待合适的归国时机，法显在耶婆提滞留了5个月，而后乘另一艘大商船，准备归国。这艘船上有200多人，船上带了50天的粮食。东晋义熙八年（412）四月十六日，大船扬帆起航，向广州进发。法显在船上度过夏安居。不料航行1个多月后，夜鼓二时（午后十时左右），

---

① 参见魏道儒主编：《世界佛教通史》第12卷，北京：中国社会科学出版社，2015年，第337页。

又遇到狂风暴雨。船上商人、乘客十分恐慌，法显心中默念观世音菩萨及归命汉地众僧，祈求保佑。然而，这时的法显尚未意识到，一个可怕的阴谋正笼罩在船舱之内，让他命悬一线的危险在悄然来临。船上的婆罗门商人认为是因为船上搭载了法显这位和尚才会使船遭遇不利，让他们蒙受如此灾难。他们提议将法显赶下船，丢到海岛边上。在这危急时刻，法显的檀越（施主）挺身而出，他激烈反对婆罗门商人的野蛮行为，说："你们若扔下这位和尚，把我也一起扔下好了，不然就先杀了我。中国的国王敬信佛法，敬重僧人，你们若将这位和尚扔下，我到中国后，一定会把你们的所作所为告诉中国的国王。"[1]婆罗门商人听后，由于害怕受到中国皇帝的责难，才不敢将法显扔下。身体的折磨已经够多了，还要再受到这种精神的蹂躏，不过好在有惊无险，法显得以逃过一劫，平安无事。

正常情况下，商船50天可到广州，但由于当时多阴天，海师无法根据日月星辰、海水等进行判断，导致航向判断失误，过了70天仍没有到岸。船上的粮食和饮用水快要用尽，只得取海水充饥，将水分好，每人可得2升，很快也将用尽。后改航西北方向，经12日，海船终于抵达中土，到达长广郡牢山南岸，"见藜藋菜依然，知是汉地"[2]，在此登陆。不过，他们下了船后却看不到人的踪迹，不知道究竟身处何方。船员们不禁议论纷纷，有人说还没到广州，有人说已经过了。正巧遇到了两个正要归家的猎人，心急如焚的商人们急忙让法显上前，待将众人的情绪安抚好后，法显才开始和猎人进行交谈。一番询问之下，他们得知原来这里早已越过了广州，到达了青州长广郡。至此，法显的西行求法之路才正式告一段落。

彼时的长广郡属于青州，治所在不其县（今山东省青岛市的即墨

① 参见章巽著，芮传明编：《〈法显传〉校注 我国古代的海上交通》，上海：复旦大学出版社，2015年，第136页。
② 章巽著，芮传明编：《〈法显传〉校注 我国古代的海上交通》，上海：复旦大学出版社，2015年，第136页。

区）。这里原属南燕，东晋义熙六年（410）刘裕率兵灭南燕后，山东半岛归属东晋，元熙二年（420）刘裕废晋建宋后，又被纳入南朝刘宋的版图。据《资治通鉴》记载，刘裕之弟刘道怜在义熙七年（411）任北徐州刺史，镇彭城（今江苏省徐州市）。翌年九月，刘道怜受任都督兖青二州晋陵京口淮南诸郡军事、兖青州刺史，镇京口（今江苏省镇江市）。长广郡太守李嶷崇奉佛法，听说有沙门从海外携带佛经佛像归来，立即派人到海边迎请法显到不其县的治所，接受供养。商人则从海路折回到扬州。此后法显又接受刘道怜一冬一夏的供养（412年冬至413年夏）。在度过夏安居后，法显本来想回到西行求法的出发地长安，毕竟那里是他曾经生活过的地方，有他熟悉的师友。然而，此时的长安在数次战争的摧残下已经满目疮痍，繁华不再。对于法显这样的佛教大师，东晋朝廷是不肯轻易放其回到敌国的。在鸠摩罗什于弘始十五年（413）四月去世之后，长安佛教便开始走下坡路了，又有佛陀跋陀罗僧团被迫离开长安，这些使法显暂时压下了回归的念头。[1]因此，为了完成翻译佛经的重任，法显决定南下到东晋的国都建康。

翻译佛经传千古

法显年逾花甲从长安出发西行求法，乘危履险，已近耄耋东归，回国后的他带回来的是一大笔难以估量的精神财富。不过，回到故土的法显并没有因完成这次伟大的旅程而放松，因为他清楚地知道，自己所担负的另一个新的使命即将开始。

建康译经

佛教传入南京，一说始自东汉末年。汉献帝末年，天下纷乱，祖籍月氏而在中原长大的僧人支谦为避战乱来到东吴。吴主孙权因支谦很有

---

① 参见徐文明：《法显归国后的一段经历》，杨曾文、温金玉、杨兵主编：《东晋求法高僧法显和〈佛国记〉》，北京：宗教文化出版社，2010年，第120页。

才华，拜他为博士辅导东宫。支谦在建业（今南京）潜心翻译佛经，先后译出《维摩经》《法句经》《大般泥洹经》《端应本起经》等49部经典。此时佛法刚刚传到建业，尚未得到弘扬。吴赤乌十年（247），祖籍康居，世居天竺的康僧会杖锡东游，来到建业弘扬佛法。康僧会在建业建立茅茨，设佛行道，而且还以成功乞请舍利征服了孙权，孙权为他建立了江南第一所寺院——建初寺。自此，佛教在江南开始站稳脚跟。东晋时建康佛教渐兴，至南北朝达到鼎盛，其时建康佛教寺院林立、钟磬相闻……唐代杜牧诗句"南朝四百八十寺，多少楼台烟雨中"，并非夸饰之辞。[1]5世纪初，建康浓厚的佛教氛围给法显提供了一个很好的译经环境。

法显到达建康后，住锡在南郊的道场寺。道场寺，又名斗场寺，约在今雨花门外，是东晋和南朝时期的佛经翻译中心。关于道场寺的修建，《出三藏记集》卷八《六卷泥洹经记第十八》记载："义熙十三年十月一日，于谢司空石所立道场寺出此《方等大般泥洹经》，至十四年正月一日校订尽讫。"[2]谢石是东晋名将，谢安之弟，为太元八年（383）八月淝水之战的主将。一般以为此寺的修造应该是谢石从战场归来之后至逝世之前。[3]在道场寺，法显与来自天竺的高僧佛陀跋陀罗一起翻译浩如烟海的佛经典籍，参与译经的还有智严、慧观、宝云等人。

根据诸书记载，法显所翻译的佛经，重要的有《摩诃僧祇律》40卷。简称《僧祇律》，意译《大众律》，即印度佛教大众部所传的广律（指内容完备的佛教戒律）。其中许多内容趋于大乘旨趣，对研究印度早期佛教史有参考价值。《摩诃僧祇比丘尼戒本》1卷。此本为专门关

---

[1] 参见杨维中：《从佛寺及其所属高僧看东晋时期建康佛教之兴盛》，《佛学研究》2016年第1期。

[2] （南朝梁）释僧祐撰，苏晋仁、萧炼子点校：《出三藏记集》卷八，北京：中华书局，1995年，第316页。

[3] 参见杨维中：《从佛寺及其所属高僧看东晋时期建康佛教之兴盛》，《佛学研究》2016年第1期。

于比丘尼戒律的一种，系统规范了比丘尼修行的言行举止等诸多方面。《大般泥洹经》（又作《佛说大般泥洹经》）6卷。此为汉地大乘《涅槃经》的第一次翻译，最先在中国传播了大乘佛教的佛性理论，对中土后世佛教影响巨大。《方等泥洹经》（或作《大般涅槃经》）2卷。此经所叙内容属于小乘涅槃范围，经文主要讲说释迦牟尼灭度之际与阿难对话，以及世尊灭度时留下的偈语和劝世遗言，包括种种相关传说。其思想与《佛说大般泥洹经》存在根本区别。此外，法显带回的《弥沙塞律》（《五分律》）《长阿含经》《杂阿含经》《綖经》《萨婆多律抄》等经典皆没有翻译。不过，所幸后人部分地完成了他的未竟之业，如罽宾律师佛陀什翻译了《弥沙塞律》，求那跋陀罗译出了《杂阿含经》。这些佛典的译成稍稍弥补了法显的遗憾。除了译经，晚年的法显还写下了自己人生中最为重要的一部著作，即闻名于世的《佛国记》，将自己西行求法的经历完整地记录了下来，一个僧人的虔诚之心，尽在其中。

毋庸置疑，作为西行求法、携经律以归第一人的法显，对中国佛教建立一套完整的僧团制度以及僧尼戒律起到了重要作用，对佛教戒律在汉地的传承与传播具有划时代的贡献。

荆州圆寂

在建康时，法显潜心翻译佛经，后来他离开了道场寺，又来到荆州治所江陵（今湖北省江陵市）的辛寺。江陵，位于长江中游，地处江汉平原，"为楚故国都郢所在地，'西通武巴，东有云梦之优'；有很长一段时间江陵作为荆州刺史治所，又距北方少数民族势力较远，是重要的政治中心，为南迁世族的重要寄居地；不仅是长江流域重要的造船场，更为江汉经济区各种土产的集散地。东晋时期，江陵是长江中游地区佛教最发达的地区"①。这一时期的江陵，高僧云集，佛寺林立，成

---

① 赖永海主编：《中国佛教通史》第一卷，南京：江苏人民出版社，2010年，第359页。

为可与长安、建康等传统佛教重镇相媲美的新兴佛教重镇。见于文献记载的佛寺有辛寺、长沙寺、上明寺等等，其中法显到达的辛寺现位于荆州市荆州城南开发区凤凰西路白龙三组，是东晋南朝时颇为有名的佛寺，吸引了一大批僧人前来学习佛法、翻译经书、宣扬佛法，极大地推动了佛教在中国的传播。

法显之前，罽宾僧人昙摩耶舍在辛寺弘扬禅法。昙摩耶舍年少时就非常好学，不过他早期致力于苦修，到了30岁仍未得果。据说有一次他梦见了博叉天王，告诉他僧人应当观方弘化，旷济为怀，而不应拘苦修小节独善己身。于是昙摩耶舍离开罽宾，四处游方授道，于东晋隆安年间（397—401）到达广州，住在白沙寺。由于他擅长念诵《毗婆沙律》，人们称他为"大毗婆沙"，当时昙摩耶舍已经85岁了，有徒众85人，后他又到长安，受到了后秦姚兴的礼遇，并与天竺僧人昙摩掘多共同合作翻译《舍利弗阿毗昙》。译经工作完成以后，昙摩耶舍又南下来到了江陵的辛寺，在这里大弘禅法，有徒众300余人，不过最终他又返回了西域。

据《高僧传》记载，罽宾僧人卑摩罗叉曾在辛寺开讲《十诵律》，当时道场寺的僧人慧观根据卑摩罗叉所讲的撰书两卷，送到建康。慧观撰写的两卷本，不但概括出了《十诵律》的教义，而且还记录了一些重要的戒律规定，相当于是《十诵律》的一个浓缩精华本，传到建康以后，僧尼竞相传写学习，时闻者谚曰："卑罗鄙语，慧观才录，都人缮写，纸贵如玉。"[1]这极大地推动了中国佛教戒律的完善。此外，天竺高僧求那跋陀罗也驻锡辛寺。刘宋元嘉十二年（435），求那跋陀罗来到中国，起初在建康祇洹寺说法译经，"京师远近，冠盖相望"[2]。后谯王刘义宣出镇荆州，求那跋陀罗在其邀请下与之同行，住

---

[1] （南朝梁）释慧皎撰，汤用彤校注，汤一玄整理：《高僧传》卷二，北京：中华书局，1992年，第64页。

[2] （南朝梁）释慧皎撰，汤用彤校注，汤一玄整理：《高僧传》卷三，北京：中华书局，1992年，第131页。

现在的辛寺

在江陵辛寺。在这里，求那跋陀罗潜心弘法布道，不仅宣讲《华严经》等经，还翻译了《无忧王经》《过去现在因果经》《无量寿经》等多部佛学典籍。在谯王反叛兵败后，求那跋陀罗又到建康，受到宋世祖孝武帝的礼遇。

政治环境优越，佛教寺院林立，僧人活动频繁，佛学发展水平较高，对法显而言，或许这些是吸引他在辛寺驻锡的原因。法显在辛寺潜心修行，并终老于此。关于法显圆寂的年龄，前文已述，各书记载不同。《出三藏记集》说他82岁，而《高僧传》说他86岁。法显于何年去世，现存史料并没有明确的记载。不过，可以大体作一推测。法显和佛陀跋陀罗共同翻译的《摩诃僧祇律私记》记载，法显于东晋义熙十四年（418）二月末在建康斗场寺（即道场寺）译毕此经。又《出三藏记集》卷三所载《弥沙塞律》的译后记说：

弥沙塞者……此名为五分律，比丘释法显于师子国所得者也。法显记云：显本求戒律……众经多译，唯弥沙塞一部未及译出而亡。到宋景平元年七月，有罽宾律师佛大什来至京都。其年冬十一月，琅邪王练、比丘释慧严、竺道生于龙兴寺请外国沙门佛大什出之。[1]

根据两处记载，可以推测法显卒年当在东晋义熙十四年（418）至宋景平元年（423）之间。据此，若以法显年82岁，卒于423年推算，则法显生年为342年。他于后秦弘始元年（399）从长安出发去天竺时，他的年龄，无论如何已在58岁以上了。[2]

历经千年岁月沧桑，随着一代代高僧的逝去，辛寺香火断绝，辉煌不再，曾一度破落不堪。直到2001年，隆弘法师来到荆州，看到祖庭破败，伤感不已。为了纪念法显，隆弘、法愚等法师及当地信众，开始着手重建这座法显当年圆寂的寺院，在他们的共同努力下，辛寺得到了逐步完善。如今，这座千年古刹安然地屹立在红尘闹市之中，向世人传递着法显永恒的精神。

另外，为了弘扬法显精神，2018年10月1日国庆节，在隆弘法师主持下，辛寺还举行了法显学苑挂牌成立仪式。"法显学苑"匾牌由中国社会科学院世界宗教研究所研究员、中国社会科学院佛教研究中心主任杨曾文教授题赠。不畏艰辛，舍身求法，法显的精神将被世人永远铭记。

杨曾文赠题的"法显学苑"匾牌

---

① （南朝梁）释僧祐撰，苏晋仁、萧炼子点校：《出三藏记集》卷三，北京：中华书局，1995年，第119-120页。
② 参见章巽著，芮传明编：《〈法显传〉校注 我国古代的海上交通》，上海：复旦大学出版社，2015年，第13页。

　　法显少年出家，潜心修行，不畏高龄，西行求法，经14年，历访30余国，携带大量足以让自身在历史深处闪闪发光的佛教典籍归国，回国后又全身心地投入到译经事业当中。回顾自己的一生，法显该是无怨无悔的，自从踏入佛门以来，他始终以慈悲济世，救度苍生的情怀与担当追随着佛的脚步，没有片刻的懈怠，最终实现了生命的圆满。

法 流 华 夏

如果我问"法显是谁？"你将如何回答呢？"他是一位行者。"没错。作为中国第一位越过葱岭到印度求法的僧人，法显根据沿途所见所闻写成的《佛国记》，为我们展示了丝路沿线各国的风土人情。"他是一位高僧。"没错。法显不仅为中土佛教带来了急需的戒律，还促进了毗昙学以及涅槃佛性说的发展，丰富了中国佛教义理研究。"他是一位先驱。"没错。法显艰苦卓绝、百折不挠的求法精神，不止激励着当时的人，也感召着我们。法流华夏，余钟磬音。

法显的形象透过历史分光镜，被折射出一个个侧面。标签化的解读看似泾渭分明，却又边界朦胧，光怪陆离宛如万花筒。法显的形象由此丰满、复杂而又统一。法显是谁？一位记录丝路春秋，完善佛法经律，传递求法精神的先贤。

行者法显与丝路春秋

行者法显，历经14年漂泊，访问30多个国家，根据沿途所见所闻著成"孤独星球"之"丝路佛国篇"——《法显传》。此书不单是一本西行求法指南，更成为窥探丝绸之路沿线各国历史文化之窗。特别是为了解和研究5世纪初西域诸国、印度、斯里兰卡等国的历史地理、宗教信仰、风土人情提供了丰富的史料素材，具有重要历史和学术价值。

越山渡海，法显的足迹

我们透过法显的文字，看见滚滚黄沙，远望皑皑雪山，聆听佛国梵音，经历惊涛骇浪。由于《法显传》详细记载了西行之路上的山河湖海，以至于北魏郦道元在编写地理学著作《水经注》时，引用《法显传》达20余处。不仅如此，如果把眼光抛向世界，可以看到"《法显

《佛国记》（《法显传》）书影

传》全书所记述到的地域范围，除中国本国外，还包括了中亚、南亚和东南亚，对于当时这样一个广大地区的地理、交通、宗教、文化、物产、风俗，乃至社会发展、经济制度等等，无不有所述及，成为研究公元第五世纪初亚洲历史的重要史料"[1]。南亚次大陆上的民族，对于本国历史的重视程度远不及中国，以至于近代以来，这些国家欲建构本民族历史时，不免捉襟见肘。而《法显传》可谓弥补了资料的不足。

《法显传》较大篇幅记载了天竺地区的众多国家，串联起古代印度地区的历史与地理情况。早在司马迁撰写《史记》时，中国人已经对印度地区有所了解。《史记·大宛列传》记载："从东南身毒国，可数千里，得蜀贾人市。"到东汉，随着丝路的兴盛，两地沟通日益密切，《后汉书·西域传》对印度地区的地理概况、历史文化已有较为充实的记载。其中提到"（天竺）修浮图道，不杀伐，遂以成俗"，可见当时印度地区佛教的兴盛。另外，《后汉书》也提到"身毒有别城数百，城置长。别国数十，国置王。虽各小异，而俱以身毒为名，其时皆属月氏"[2]。明确指出在印度地区名义上受到由月氏人建立的贵霜帝国统治，实则邦国林立，并未形成统一帝国。《后汉书》记载了古代印度地区内部的差异，但直到法显西行，才将印度地区进行更为详尽的地理分区。

《法显传》将古代印度地区划分为北天竺、中天竺和南天竺3个地理单位，并将印度洋的眼泪——师子国单独列出，用大篇幅展示其地理与历史文化。在《法显传》中，天竺和西域（特指中亚地区）的分界线是葱岭，即今帕米尔高原。翻过高原到达今阿富汗和巴基斯坦境内，当时被称为北天竺。北天竺地形以高原山地为主，道路崎岖，《法显

---

[1]　（东晋）法显撰，章巽校注：《法显传校注》，北京：中华书局，2008年，"前言"第10页。

[2]　（南朝宋）范晔撰，（唐）李贤等注：《后汉书》卷六八，北京：中华书局，1965年，第2921页。

传》记载："其道艰阻，崖岸险绝，其山唯石，壁立千仞，临之目眩，欲进则投足无所。"①穿过雪域高原，摩头罗国以南地区被称为中天竺，《法显传》记载："从是以南，名为中国。中国寒暑调和，无霜、雪。"中天竺大概在今天的恒河流域，作为冲积平原，土地平坦、良田众多。由于法显未涉足南天竺，故而记载较为简略，推测南天竺"迄于南海，四五万里，皆平坦，无大山川，正有河水"。实际上印度南部是德干高原，干燥少雨，与法显所记略有出入。虽然法显对古代印度地区的记载侧重于佛教，无法得知天竺地区生产、生活方式，经济发展模式，政权组织形式，但瑕不掩瑜，已经为我们重构南亚地区的历史地理提供极大帮助。

法显从恒河三角洲登船到达师子国，"汛海西南行，得冬初信风，昼夜十四日，到师子国"。南亚次大陆冬季盛行东北季风，法显就是乘着东风向西南进发的。登陆师子国后，法显对该国的地理信息进行了详细描述。在气候方面，"其国和适，无冬夏之异，草木常茂，田种随人，无有时节"。显示出师子国是典型的热带气候。在地形方面，"其国本在洲上，东西五十由延，南北三十由延。左右小洲乃有百数，其间相去或十里、二十里，或二百里，皆统属大洲"。将师子国以及附属岛屿逐一记载。在物产方面，"多出珍宝珠玑。有出摩尼珠地，方可十里。王使人守护，若有采者，十分取三"。可见师子国最大的盈利行业就是采珠业，国王对这一行业严格控制，派人严加守护，若要采集，要缴纳高达30%的采集税。

法显还注意对各地间距离进行精确记载。法显一开始用所经时间来记述各地之间里程，后改用由延计算。法显第一次提到"由延"是从弗楼沙国至那竭国的醯罗城。法显记载两地相隔16由延，据考证，书中所写里程与两地实际距离基本相符，可见其记载的精确性。总之，法显提供了各地

---

① （东晋）法显撰，章巽校注：《法显传校注》，北京：中华书局，2008年，第22页。

間距離遠近以及與行旅險易情況等有關的資料，客觀上推動了這一地區歷史地理研究。

《法顯傳》為絲綢之路沿線各國歷史的書寫提供了素材，因此受到各國學者的重視和推崇。正如印度歷史學家阿里給北京大學季羨林的信中說："如果沒有法顯、玄奘和義淨的著作，重建印度史是完全不可能的。"①近代中國學者柴德賡在《史籍舉要》中說："《法顯傳》全書只一卷，不過萬餘字，但其價值很高，是研究當時中國與印度等國交通及笈多王朝時代印度歷史的重要史料。"②斯里蘭卡史學家尼古拉斯·沙勒說："人們知道訪問過印度尼西亞的第一個中國人的名字是法顯。"他還把《法顯傳》中關於耶婆提國的描述稱為"中國關於印度尼西亞第一次比較詳細的記載"③。日本學者足立喜六指出："西域探險家及印度佛跡調查者，尤為重視（《佛國記》），大有必攜之指南針之概。"④

進入19世紀，隨著世界各地交往密切，西方學者展開深入中亞地區的探險活動，此時急需一本系統記載中亞地區歷史的書籍，以《法顯傳》為代表的中國僧人的西行遊記受到重視。據王邦維考證，在歐洲，最早注意《法顯傳》並將它翻譯成法文的應該是法國學者Abel Rèmusat，他翻譯的《法顯傳》於1836年在法國巴黎出版。⑤此後，《法顯傳》的外文譯本層出不窮，極大豐富了那一時期歐美各國東方學研究。薛克翹在《關於〈法顯傳〉的印地文和尼泊爾文譯本》⑥一文說

---

① 郭鵬：《佛國記注譯》，吉林：長春出版社，1995年，第19頁。
② 柴德賡：《史籍舉要》，北京：北京出版社，1982年，第365頁。
③ 轉引自桑希臣：《藍色誘惑：中國海洋開拓簡史》，武漢：華中科技大學出版社，2016年，第107頁。
④ ［日］足立喜六著，何建民、張小柳譯：《〈法顯傳〉考證》，貴陽：貴州大學出版社，2014年，"著者序"第4頁。
⑤ 參見王邦維：《法顯與〈法顯傳〉：研究史的考察》，《世界宗教研究》2003年第4期。
⑥ 參見薛克翹：《關於〈法顯傳〉的印地文和尼泊爾文譯本》，《南亞研究》2003年第1期，第58-60頁。

道：他在印度见到了1918年出版，2001年再版的《法显传》印地文译本，以及2000年在尼泊尔出版的尼泊尔文译本。这两种译本所使用的语言一种是印度的现代语言，一种是法显曾经访问过的地区——尼泊尔的语言，应该说具有特别的意义，显示出《法显传》愈来愈受到国内外学者，特别是丝路沿线国家学者的重视。

梵呗悠扬，法显的见闻

《法显传》记载了丝路沿线不同国家和地区佛教遗迹与佛教信仰情况（包括流派、崇拜行为、供养方式等），为我们研究中亚、南亚以及东南亚国家和地区佛教史提供大量历史素材。

首先，《法显传》记载了丝路沿线不同国家和地区的佛教寺院与道场。如法显在游历北天竺期间，记录弗楼沙国建有佛钵寺，该寺共有僧人700余众；而那竭国在供奉佛陀发爪的地方也修建有寺院，该寺院亦共有僧众700余人。法显虽然未对宿呵多国、犍陀卫国和竺刹尸罗国3国的寺院和僧众数量做记载，但是却记下了佛陀为菩萨时，在宿呵多国修建了"割肉喂鹰"处塔，在犍陀卫国建造了"以眼施人"处塔，在竺刹尸罗国修建了"投身饲饿虎"处塔，并且当地的各个国王以及大臣百姓等竞相供养各个道场，香火鼎盛。

其次，《法显传》对丝路沿线各国的佛教信仰情况进行了细致介绍，特别是注明了部分国家佛教属大乘佛教还是小乘佛教。如西域地区，信仰小乘佛教的国家有鄯善国、焉夷国、竭叉国，信仰大乘佛教有于阗国、子合国。越过葱岭，北天竺、西天竺地区的陀历国、乌苌国、犍陀卫国、跋那国信仰小乘佛教，罗夷国、毗荼国大小乘佛教兼有。中天竺和东天竺地区的摩头罗国、阚饶夷城、拘睒弥国信仰小乘佛教，僧伽施国、摩竭提国兼而有之，海上的师子国也是兼具大小乘佛教。耶婆提国在内的17余国因材料有限无法判别，但从已有资料看，古代中亚、南亚以及东南亚国家和地区，小乘佛教较为流行。

大小乘佛教争论的焦点在于修行观念，小乘佛教认为一个人想要成佛，则必须不断积累功德，世世代代苦修，有缘则可以成佛；而大乘佛教认为，一个人自出生就拥有佛性，众生只需开悟，时机一到人人皆可成佛。毋庸讳言，法显的记载有助于我们了解5世纪之际大小乘佛教传布的区域，以及其他宗教如印度教的流行情况，这为研究印度佛教史及世界宗教史提供了宝贵的历史资料。

再次，《法显传》记载了大量佛教遗迹以及信众对圣物的崇拜活动。包括对佛祖遗物的崇拜、对各类造像的崇拜、对塔柱石窟的崇拜。虽然在佛教经典中，佛陀并未被记载为神，而是智者、仁者、觉者、勇者，是能够不断超越自我，永不停止追求理想之人，但在中古时期，佛陀的遗物常被赋予了神秘的功德，具有一定神异能力。如前文所引《法显传》记载：释迦牟尼的佛钵保存在弗楼沙国，笃信佛教的月氏王为了得到佛钵，不惜发动战争，攻击弗楼沙国。当满心欢喜的月氏王，想把抢来的佛钵带回国时，惊讶地发现用8头大象都无法将载有佛钵的车拉动，他明白，此钵不属于自己，于是将佛钵留在原处，造塔建寺以供养。此佛钵，若是穷苦大众带来香花供养，很快便可填满佛钵。若是富贵之人供养，即使有百千万斛香花，终不能满。[1]无独有偶，在那竭国供养的佛锡杖，更是解决了困扰那竭国人的旱灾。[2]可见，佛钵、佛锡杖的传奇故事以及所包含的所谓神异功德威力，很容易使一般民众信服，为获得其庇护，民众醉心于供养活动。

在佛教中，僧人死后所遗留的头发、骨骼、骨灰等，均称为舍利，产生的结晶体，则称为舍利子。佛陀舍利即释迦牟尼的遗骨。佛舍利的供养在古代印度地区比较兴盛，《法显传》记载：在那竭国醯罗城，人

---

[1] 参见（东晋）法显撰，章巽校注：《法显传校注》，北京：中华书局，2008年，第34页。

[2] 参见（东晋）法显撰，章巽校注：《法显传校注》，北京：中华书局，2008年，第39页。

们供养佛顶骨舍利，国王敬重佛骨舍利，命令城中8个大家族派人看守，至清晨，8人到齐时才能一起打开藏在精舍中的舍利。取舍利前还必须用香水洗手，精舍中修行者登上高楼击鼓吹螺，告知国王。国王供养时还会配上七宝华香，日日如此。[①]

在师子国，法显记载了当地信众对佛齿舍利的崇拜。佛齿舍利常在三月中旬取出供人朝拜，上旬，国王

南京栖霞寺藏佛顶骨舍利

找一位辨说人骑在自己的白象上，穿上王的服装，击鼓咏唱。唱罢，国王推出佛祖五百化身的塑像，栩栩如生，然后迎出佛齿舍利，随路供养。[②]

有关佛像的供养，《法显传》中也有不少记载。如在北天竺的陀历国有木制弥勒像，这尊佛像的由来颇为奇幻。一位巧匠被罗汉用神力送上兜率天，观察好弥勒菩萨的相貌后才开始雕刻。此造像颇具神力，常放出光芒，"诸国王竞兴供养"[③]。又如在于阗国，法显等人观看了"行像"的全过程。从四月一日开始，城中的道路清扫干净，城门挂上帏幕，国王与夫人亲临现场。国中有大寺14所，小寺不计其数，其中瞿摩帝寺修大乘佛法，国王器重，优先"行像"。"行像"用的宝车高3丈有余，像宫殿一般，佛像立在车的正中，左右有菩萨像。环绕佛像的是用金银雕刻成的诸天侍从。佛像靠近城门百步时，国王盛

---

① 参见（东晋）法显撰，章巽校注：《法显传校注》，北京：中华书局，2008年，第38页。

② 参见（东晋）法显撰，章巽校注：《法显传校注》，北京：中华书局，2008年，第131页。

③ 参见（东晋）法显撰，章巽校注：《法显传校注》，北京：中华书局，2008年，第22页。

| 克孜尔第114窟"快目王施眼"本生故事菱格画① | 克孜尔第114窟"尸毗王割肉贸鸽"本生故事菱格画② | 克孜尔第170窟"摩诃萨埵太子投身饲虎"本生故事菱格画③ |

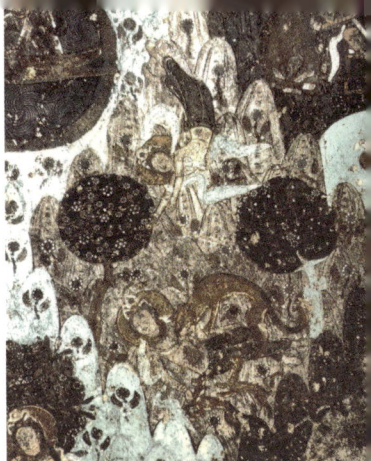

装亲迎。佛像入城时，夫人和采女撒下花瓣。由于每座寺庙都会"行像"，这场盛典持续到四月十四日。可见，这些佛像凭借其形体、容貌和姿仪的宁静、庄严，起到了"人神沟通"的桥梁作用，并被大众所接受。

有关石窟的礼敬，在《法显传》中有相关记载：在恒水东南有一小山，山中有一个朝南的石室，佛祖在其中打坐修行。帝释天在此问佛祖四十二事，佛一一以指画石，画迹可寻。④到耆阇崛山，有一个朝南的石窟，佛祖原本在此坐禅。西北方30步，还有一个石窟，大弟子阿难于中坐禅，魔王波旬化作雕鹫，在窟前恐吓阿难。佛祖用神力隔石轻抚阿难的肩膀，阿难才不再惧怕。鸟迹、手孔，现在依旧存在。⑤可见在当时的印度石窟中，内容多是对佛陀生前故事的回忆，这些洞窟因而成为佛传故事遗迹。

---

① 新疆石窟研究所编：《西域壁画全集》，乌鲁木齐：新疆文化出版社，2017年，第202页。
② 新疆石窟研究所编：《西域壁画全集》，乌鲁木齐：新疆文化出版社，2017年，第210页。
③ 新疆石窟研究所编：《西域壁画全集》，乌鲁木齐：新疆文化出版社，2017年，第192页。
④ 参见（东晋）法显撰，章巽校注：《法显传校注》，北京：中华书局，2008年，第94页。
⑤ 参见（东晋）法显撰，章巽校注：《法显传校注》，北京：中华书局，2008年，第96页。

值得注意的是，《法显传》中介绍的圣物，在令人感到惊异的同时，大大地影响了佛教民间化的发展，促进了中国佛教在基层的传播。另外，师子国见闻的记载中，也可以看到佛本生故事的相关表述。佛本生故事中的割肉贸鸽、舍身饲虎、以眼施人、以头施人等内容，成为激励僧人行善布施的榜样，而后传入中国，成为佛教壁画和塑像的重要素材。

最后，《法显传》详细记载了印度佛教供养制度。佛教创始之初，僧侣以托钵乞食为生，需要信众供养，《法显传》中也有相关记载。如前文所述，月氏王因佛钵神异，无法带回，就地建塔造寺。曾有僧众700余人，日中时托钵乞食，由平民供养。又如在那竭国醯罗城，国王供奉佛顶骨舍利时，以华香供养精舍。国王每日如是供养、礼拜，然后听取国政，居士、长者也先供养，而后再处理家事。日日如是，初无懈倦。又如到达竭叉国，当时国王举办般遮越师（无遮会），即布施僧俗的大会。四方沙门，皆来云集。僧众打坐的地方悬挂绣着金银莲花的丝绸幡盖，坐具也用丝绸做成。王公大臣按佛法供养。布施大会往往安排在春天，持续一至三月不等。会后，国王建议群臣也办布施大会，持续一日至七日不等。①

除国王对佛教的信仰之外，还有居士、商人及普通民众等。如在师子国，城中居住了居士、长者、商人，城市建筑庄严华丽、街道平整干净，街角路口都设有说法堂，每月八日、十四日、十五日都会开坛讲经，僧侣和平民都来听法。国王在城中布施食物，可供养五六千人，僧人拿着钵前往，"随器所容，皆满而还"②。

又如在摩头罗国，当佛祖涅槃后，诸国王、长者、居士为僧众修

① 参见（东晋）法显撰，章巽校注：《法显传校注》，北京：中华书局，2008年，第17–18页。
② （东晋）法显撰，章巽校注：《法显传校注》，北京：中华书局，2008年，第130页。

建精舍进行供养，供给田宅、园圃、民户、牛犊、铁券书录等。僧侣居住的房屋、衣服被褥、起居饮食皆无所缺。僧侣常常以作功德为业，译经诵经、打坐修禅。若有外来的僧人，则寺庙僧众出门迎接，"代檐衣钵，给洗足水"①，之后便可得到住所与生活用品。

可见，在法显游历西域、印度时，僧团普遍受王室及贵族的供奉，已非昔日托钵乞食可比，特别是从摩头罗国的记载中可以看出，寺院经济较为发达。

《法显传》对印度佛教的供养制度的记载，也深深地影响着中国佛教寺院经济的兴起和发展。佛教初入中土，主要靠朝廷和民间的资助或供养。南北朝时期，随着佛教迅速发展，加之上层统治者大多笃信佛教，给予其巨额的经济支持，佛寺凭借其经济实力，开始扩大影响力。此外，民间的信众"崇修佛寺，供给沙门以百数，糜费巨亿而不吝也"②。这些说明此时佛教已经不断地深入民间，商贾、平民、流民等阶层成为供养的主力军。他们之所以愿意花费巨大的人力与物力来宣扬佛教，主要目的仍是为祈求"功德"与"福田"，死后往生到西方净土世界。

高僧法显与佛法经律

佛教自公元前后从印度传入中国以后，便成为连接中国与南亚、东亚各国文化交流的纽带和桥梁。其在中国的传播则是一种双向的交流，除了西域僧人的东传外，亦有我国僧人的西行求法。在西行求法者中，法显无疑是最耀眼的一个。正如汤用彤所说："晋宋之际，游方僧人虽

① （东晋）法显撰，章巽校注：《法显传校注》，北京：中华书局，2008年，第47页。
② （唐）房玄龄等撰：《晋书》卷七七，北京：中华书局，1974年，第2030页。

多，但以法显至为有名。盖法显旅行所至之地，不但汉之张骞、甘英所不到，即西晋之朱士行，东晋之支法领足迹均仅达于阗。而在法显前之慧常、进行、慧辩只闻其出，而未闻其返。康法朗未闻其至天竺。至于于法兰则中道终逝。故海陆并遵，广游西土，留学天竺，携经而返者，恐以法显为第一人。"①法显根据自身经历所写的《法显传》已经给我们提供了一个窥探中古时期中亚、南亚历史的窗口，而携回的经律则架起了中古时期中国与佛国间的桥梁。

以戒为师，完善中土律藏

佛陀临入灭时，众弟子推阿难向佛陀请教4个问题。其中之一就是"佛灭度后，以何为师？"佛陀回答："以戒为师。"从佛陀的遗教中可以看出"戒"在佛教中的重要性。

佛教传入中国后，一直以来处于有佛法无戒律的状态。《佛祖统纪》卷三五记载：汉魏以来，二众唯受三归，受过具足戒的大僧，与没受过具足戒的沙弥并无任何区别。直至曹魏嘉平年间(249—253)，中国的僧众才有了规定日常生活的戒律。嘉平年间，中天竺僧人昙柯迦罗来到洛阳弘扬佛法。在当时，中原大地上虽有佛法，却无戒律，于是僧众请昙柯迦罗翻译戒律。昙柯迦罗认为戒律文法复杂，较难翻译，加之中土佛法并未普及，影响力有限，故只翻译出《僧祇戒心》，后又请通晓梵语的安息僧人昙谛翻译出《羯磨》。中国佛教的戒律时代，自此开始。有10人受羯磨法，其中就包括中土第一位受戒僧人——朱士行。从此，中土的僧众开始建立了传戒制度。

朱士行不仅是中土第一位受戒僧人，也是西行求法的先驱。他出家受戒以后，在洛阳钻研、讲解东汉末年由竺佛朔译出的《道行般若经》，却感到经中译理未尽。原来，当初竺佛朔翻译时，把领会不透的

---

① 汤用彤：《汉魏两晋南北朝佛教史》，上海：上海人民出版社，2015年，第263-264页。

内容进行删略，这造成义理艰涩，前后不能贯通。朱士行听说西域有完备的《大品经》，就决心远行去寻找原本。朱士行在曹魏甘露五年（260）从雍州出发，通过河西走廊到敦煌，经西域南道，横渡流沙，直抵于阗国。他在于阗抄录《大品般若经》的梵本，共有90章，总计60万言，派弟子弗如檀等把抄写的经本送回洛阳。此后他留在于阗研读经典，直至去世。

随着佛教日昌，僧团规模不断壮大，然而没有戒律之约束，僧团就不可避免地产生混乱的局面，甚至会引起统治层的关注和不安。不少有识之士明白，只有僧团制定了规约，僧人的日常修持才能有约束，才会区别于世俗之人，也才能为统治者所接纳和认可。

以上情形足以说明僧团中进行戒律规制，在当时是重要且紧迫的。就是这样一个"律藏残缺"的时代，唯有高僧法显毅然决定西行求法，他的初心就是为了给中土寻求戒律。他在印度巴连弗邑取得《摩诃僧祇律》《萨婆多众律》《杂阿毗昙心论》《綖经》《方等般泥洹经》《摩诃僧祇阿毗昙》。后在师子国更求得《弥沙塞律》《长阿含经》《杂阿含经》及《杂藏经》。不难看出法显从天竺带回的多部佛经中，最主要的是戒律。

法显将经书带回中国后不久，便开始译经工作。译经工作不亚于西行求法，既要忠于原文，又要便于理解。法显并非一个人在战斗，译经工作得到天竺高僧佛驮跋陀罗的帮助。佛驮跋陀罗是受智严的邀请来到中国的，当时智严在焉耆国为求"行资"而折回高昌，后来继续西行，在罽宾遇到佛驮跋陀罗。在智严的邀请下，佛驮跋陀罗和他一起于后秦弘始十年（408）到达长安。不过当时后秦姚兴大力支持鸠摩罗什译经，佛驮跋陀罗因受到鸠摩罗什门下的排挤，被迫与弟子渡江南下到庐山译经，后又到了江陵。义熙九年（413），佛驮跋陀罗随刘裕到达建康的道场寺，而后法显也住进了道场寺。当时总理道场寺寺务的是西行途中提前返回中原的宝云，他跟从佛驮跋陀罗在长安受业学习。据《出

《摩诃僧祇律》卷一九

　　三藏记集》记载，宝云在当时以精通梵语著称，有"江左练梵，莫逾于云"的说法。在宝云的协助下，法显与佛驮跋陀罗二人共同翻译从天竺、师子国带回的佛教经典，其中就包括《摩诃僧祇律》。

　　《摩诃僧祇律》是唐以前流行汉地的重要戒律之一，主要盛行于关中一带。历史上佛教戒律共有5部，即《萨婆多部十诵律》《四分律》《五分律》（弥沙塞部）《摩诃僧祇律》和《迦叶毗律》。除《迦叶毗律》一直没有传到中国，其他4部戒律中，由法显带回3部，并亲自译出一部，弥补了中国律藏的残缺，律学因此得以完善。虽然历史的发展出乎意料，唐代以降，中国律宗开始以《四分律》为根本，法显的贡献似被削弱了，但他对中国佛教戒律的发展和完善，仍发挥了承前启后的重要作用。

我空法有，塑造毗昙学派

毗昙，意为"无比法""高等法""对法"，是对佛教教义的论述解说，属于三藏中的《论藏》。东晋以后，毗昙学由道安、慧远所提倡，他们甚至认为，学习佛经的基础是掌握毗昙学。佛经中有许多名相概念，如果僧众不了解其内涵，读经过程将会难解难通，陷入维谷。道安曾用毗昙学的方法，论证"我空法有"这一晦涩难懂的佛教义理。

早在前秦，僧伽提婆便翻译了佛教《论藏》中的著名佛典——《阿毗达磨发智论》，意为《说一切有部智论》，简称《发智论》。此论将佛经中所有要义加以说明，在各种阿毗昙中最为详细。后人为了进一步解释此论，费时12年，邀请500名大阿罗汉，写成《大毗婆沙论》10万颂。《大毗婆沙论》即为这些对《发智论》不同义解的广大结集，其所以名为大毗婆沙，即是包含有广说、胜说、异说三义。由于此经部头较大，颇难翻译，直到玄奘时才有汉文版200卷。

由于《大毗婆沙论》内容庞杂，为了便于领会其中的要义，印度僧人法胜撰《阿毗昙心论》，"心"即为核心、纲要之意，此经即是《大毗婆沙论》的摘编，后被东晋高僧僧伽提婆和慧远共同译出。详而繁，简而疏，《大毗婆沙论》对义理解释详尽，但难于整体把握，《阿毗昙心论》提纲挈领，而内容相对疏略，如果没有一定的佛学积累，读起来便觉得不明所以，颇为困难。待法显回国后，和佛驮跋陀罗共同译出从天竺获得的《杂阿毗昙心论》，妥善解决了详简之争。

《杂阿毗昙心论》是补充解释《阿毗昙心论》的佛典，因此被认为是有部毗昙的集大成者，不过可惜的是这部书现已阙佚，目前仅存僧伽跋摩等人后来在刘宋元嘉十二年（435）译出的《杂阿毗昙心论》11卷。但无可否认，法显对毗昙学的传译仍有很大贡献，大大推动了当时中土的毗昙学的发展，为此后中国唯识学的传播与发展奠定了基础。①

涅槃妙法，传播大乘佛学

佛教诸多义理在传到中国后，往往与中国传统文化进行融合，形成中国化的佛教思想。如魏晋时期，般若学传到中国，与玄学相结合，形成极具中国特色的佛学思想。般若学讲"缘起性空"，认为宇宙一切事物是原因与条件结合的产物。一切事物都是如此，正因为万事万物之缘起，因此也是性空的。般若学认为现象是有，本质是空，但性空离不开有，故缘起性空，这便是般若中道思想。②

过于玄妙的般若中道理论引发了中土佛教学者们的思考。僧叡在协助鸠摩罗什译完《妙法莲华经》之后，见经中说"实归本"和"云佛寿无量"，即便叹曰："《法华经》者，诸佛之秘藏，众经之实体也。"③在把《般若》与《妙法莲华经》作一番校对后，僧叡敏感地意识到，似乎应该确立一个"实体"，不能永远浮在"空"中。但是，这个"实体"到底是什么呢？僧叡在《妙法莲华经》中找不到完满的答案。随着法显的西行，带回大量经卷，这个问题也逐渐有了答案。

法显和佛驮跋陀罗共同译出了《大般泥洹经》6卷，在中国最先提出了标志大乘佛教发展新阶段思想的"佛性"论，倡导"泥洹不灭，佛有真我，一切众生皆有佛性"。"泥洹"即涅槃，"真我"对应"假我"，"假我"为虚妄，而"真我"则是不变的"实体"，这为当时的佛学界带来了新的气息。法显所译的《大般泥洹经》是汉译文献中较早介绍佛性思想的佛典，为中原地区引入了大乘佛教的义理。涅槃佛性说

---

① 参见谢路军：《论法显在佛教历史上的贡献》，杨曾文、温金玉、杨兵主编：《东晋求法高僧法显和〈佛国记〉》，北京：宗教文化出版社，2010年，第237页。
② 参见侯慧明：《论法显在佛教中国化进程中的贡献》，《甘肃社会科学》2015年第6期，第215-218页。
③ （南朝梁）释僧祐撰，苏晋仁、萧炼子点校：《出三藏记集》卷八，北京：中华书局，1995年，第306页。

《大般泥洹经》书影

与当时广为流行的般若性空说并驾齐驱，推动了中国哲学心性学说的不断发展与深化。《高僧传》记载：

> 显既出《大泥洹经》，流布教化，咸使见闻。有一家失其姓名，居近朱雀门，世奉正化，自写一部，读通供养，无别经室，与杂书共屋。后风火忽起，延及其家，资物皆尽，唯《泥洹经》俨然具存，煨烬不侵，卷色无改。京师共传，咸叹神妙，其余经律未译。①

---

① （南朝梁）释慧皎撰，汤用彤校注，汤一玄整理：《高僧传》卷三，北京：中华书局，1992年，第90页。

这虽然是传闻，但却可以看出《大般泥洹经》在当时人们心目中的至高地位。

但与此同时，《大般泥洹经》的译出也给当时的中土佛学界带来一些疑惑，并由此引发了晋宋之际中土佛教学者之间的激烈争论。其中"般若性空"与"涅槃妙有"的论争，成为当时乃至后来相当长一段时期内中国佛学界所面临的核心问题。

佛教学者往往把般若学与涅槃学对立起来，以般若学的"空"否定涅槃学的"有"，甚至把"佛性常住说"（即佛性恒常永住）纳入"神灭神不灭"①的争论中加以指责。有的学者则尝试融会贯通两大思想。如道生在注释《维摩诘经》的时候，把"般若性空"所讲的"无我"与"涅槃妙有"所讲的"佛性我"会通起来，指出："无我本无生死中我，非不有佛性我也。"②道生认为般若是通过扫清虚妄来显示实相，涅槃则直接通过佛性来体明真相，般若性空学说与涅槃佛性说在本质上是完全一致的，这在当时引起了很大的争论。由于道生没有佛经的根据，因而受到了守旧僧人的攻击，甚至被开除出僧团，直到北凉昙无谶所译的《大涅槃经》传到江南，他才得以恢复名誉。作为南北朝时期涅槃学派的创始人，道生对中国佛教心性说的发展有很大的贡献，为后来佛性论思想的发展构建了基本的理论架构。

概而言之，法显携回及译出的佛教经典，对中国佛教的发展具有开拓性的贡献，促使中土佛教学者把"般若性空"与"涅槃妙有"的关系视作佛教思想发展中最重要的理论问题。律学、毗昙学、涅槃佛性说及其他佛教哲学在其影响下，均有重大的发展和深化。这对于佛教与中国传统文化的交融有着直接的推动作用。

---

① 神灭神不灭之争是中国南北朝时期，以范缜为代表的无神论者同佛教有神论者围绕神灭神不灭问题进行的论战。

② （东晋）僧肇：《注维摩诘经》卷三，《大正藏》第38册，台北：新文丰出版公司，1973年，第354页。

先驱法显与求法精神

法显西行开创了西行求法的成功之路，不仅扩大了人们的认知范围，也促进了国家、民族之间的政治、经济和文化交流，更为后世一批批西行求法者树立了榜样，提供了精神动力。法显精神在全球化时代的今天，仍然感召着后人。

引发后世求法的热潮

法显不畏艰难险阻，不惧生死危难的求法行迹，都被详细记录于《法显传》之中。《法显传》不仅拓宽了中原僧人的视野，法显其人勇猛精进，为法献身的精神，对后来西行求法的僧人有着很大的激励和指导作用，以至引发了西行求法的热潮。

南北朝的僧人昙无竭，"尝闻法显等躬践佛国，乃慨然有忘身之誓"①，于是宋永初元年（402），他招集沙门僧猛、昙朗等25人到印度求法，最终从印度带回梵文《观世音受记经》一部。唐玄奘的西行取经也是受到法显事迹的影响，玄奘西行之前曾表示："昔法显、智严亦一时之士，皆能求法导利群生，岂使高迹无追，清风绝后！大丈夫会当继之。"②就这样，玄奘在未获朝廷许可的情况下，毅然偷渡出境。

唐代另一位高僧义净更是自幼便"仰法显之雅操，慕玄奘之高风"，后从海路到印度求法取经。义净在他所著的《大唐西域求法高僧传》中曾就法显和玄奘的西行求法予以比较：

---

① （南朝梁）释慧皎撰，汤用彤校注，汤一玄整理：《高僧传》卷三，北京：中华书局，1992年，第93页。
② （唐）慧立、彦悰著，孙毓棠、谢方点校：《大慈恩寺三藏法师传》卷一，北京：中华书局，2000年，第10页。

　　观夫自古神州之地，轻生徇法之宾，显法师则创辟荒途，奘法师乃中开王路。其间或西越紫塞而孤征，或南渡沧溟以单逝。莫不咸思圣迹，罄五体而归礼；俱怀旋踵，报四恩以流望。然而胜途多难，宝处弥长，苗秀盈十而盖多，结实罕一而全少。实由茫茫象碛，长川吐赫日之光；浩浩鲸波，巨壑起滔天之浪。独步铁门之外，亘万岭而投身；孤漂铜柱之前，跨千江而遣命。①

　　义净盛赞法显是开辟荒途，而玄奘则是集大成而中兴佛法，比较起来，法显创辟荒途自然更加艰难。玄奘西去印度取经，来回皆取道陆上，西行途中不仅获得高昌王的鼎力相助，而且沿途是"诸国王侯礼重"，归国以后又受到唐王室的优厚待遇。而纵观法显的西行经历，陆去海还，既走"茫茫象碛"，又历"浩浩鲸波"，不管是在求法途中，还是归国后翻译佛经，他始终是一个普通的行脚僧人。"法显因于外力者少，而自身奋发者多。"②所以相比之下，就显得更胜一筹。也正因如此，后世的许多僧人才以法显为楷模，作为自己西行取经的动力。在法显的激励下，后世僧人纷纷踏上了西行取经之路。正是在一代又一代像法显、玄奘这样的僧人的努力下，佛教才得以在中国推陈出新，发展壮大。

　　值得一提的是，法显、玄奘、义净，他们3人皆远赴天竺，但来去路线却不相同。玄奘陆路出发陆路返回，义净是海路去海路还，只有法显是陆路去海路回。他的足迹恰逢其时地沿着中亚、南亚、东南亚远行，可谓是"一带一路"的最早见证者。

① （唐）义净著，王邦维校注：《大唐西域求法高僧传校注》，北京：中华书局，1988年，第1页。
② 章巽著，芮传明编：《〈法显传〉校注 我国古代的海上交通》，上海：复旦大学出版社，2015年，第19页。

传承和弘扬法显精神

法显西行求法，乘危履险，"投命于不必全之地"①，堪称古今罕有，他以坚韧不拔、百折不挠的意志所创下的西行求法的壮举，震惊中外。近代学者梁启超说："法显横雪山而入天竺，赍佛典多种以归，著《法显传》，我国人至印度者，此为第一。"②季羡林说："法显取经这一跨越，是中国文化的转折点，开创了世纪新纪元。"③

在《法显传》中，我们多次看到法显触景生情、思念故乡的描述，体现出法显爱国与爱教的精神。如"法显去汉地积年，所与交接悉异域人，山川草木，举目无旧，又同行分披，或留或亡，顾影唯己，心常怀悲。忽于此玉像边见商人以一白绢扇供养，不觉凄然，泪下满目"④。在航行多次遇到危险时，他唯一心念观世音菩萨与归命汉地众僧。法显睹物思乡的真挚情感，以汉地众僧为念的拳拳之心，无不流露出他对祖国的思念与眷恋，对中国僧众的殷殷关切之情。他是眷恋着这片土地的，却甘心远渡重洋13年，再回到故土，已经换了人间，"知是汉地，但未测何方"。

法显一心"投身于不返之地"，只为了"志在弘通"。这样为了信仰奋不顾身的行为，是值得人们纪念的。在中华民族危难之际，鲁迅曾激励中国人说，"我们从古以来，就有埋头苦干的人，有拼命硬干的人，有为民请命的人，有舍身求法的人……这就是中国的脊梁"⑤。所谓舍身求法，就是为了信仰与真理奋不顾身地追求。中国历史上有许多

① 章巽著，芮传明编：《〈法显传〉校注 我国古代的海上交通》，上海：复旦大学出版社，2015年，第142页。
② 梁启超：《梁启超全集》第7册，北京：北京出版社，1999年，第3771页。
③ 季羡林：《中印文化交流史》，北京：新华出版社，1993年，第46页。
④ （东晋）法显撰，章巽校注：《法显传校注》，北京：中华书局，2008年，第128页。
⑤ 鲁迅：《中国人失掉自信力了吗》，《鲁迅全集》第6卷，北京：人民文学出版社，1981年，第117-120页。

这样的人，前有"誓志捐身、远求大本"的朱士行，后来者如"声振葱西、名流八国"的玄奘。西路艰险，但穷山恶水从来挡不住求法者的脚步。在他们当中，法显不是最早，声名也不是最赫，但他以近60高龄西行求法，不能不令人赞叹。

法显不仅受到中国人民的爱戴，他的事迹也被外国友人赞叹。时至今日，人们仍然不忘法显精神，采取各种形式大力弘扬和继承这一精神。在斯里兰卡，人们把法显当年去圣足山走过的村庄、拜过的寺庙和住宿的石窟，统统以法显命名，即法显石村、法显寺和法显洞。为了弘扬法显精神，斯里兰卡还建了法显纪念馆。2014年9月16日，习近平主席在对斯里兰卡进行国事访问之际，在斯里兰卡的报纸《每日新闻》发表题为"做同舟共济的逐梦伙伴"的署名文章特别指出："中国和斯里兰卡有高僧法显开启的千年佛缘。"在法显的牵引下，中斯人民的友谊日益密切。

我国许多地方也成立了以法显为中心的研究会和文化促进会等机构，从而更好地弘扬法显精神。为纪念法显从崂山登陆，青岛市于2003年在崂山东岸的华严寺前立一法显铜像，铜像由中央美术学院设计，身高4米，底座高2.5米，像座楷书"法显崂山登陆纪念"8个大字。纪念碑的后面是大型浮雕纪念壁，铜浮雕长50米，记录了法显一生经历的重大事件，建成时是山东省最大的铜浮雕作品。另外，青岛市还举办法显学术研讨会，在登陆处建法显广场和潮海院，以此弘扬法显精神。

法显崂山登陆纪念碑和法显铜像

法显的家乡对他的精神更是弘扬倍至。山西省临汾市除建法显纪念馆、造法显像外，还成立了临汾市法显文化研究会。研究会主要负责弘扬临汾传统文化，加强法显文化研究等活动。山西省襄垣县更是举全县之力打造法显文化。早在1990年，襄垣县就抢救修复了仙堂山，造大佛、观音像和法显像。2014年，襄垣县投资2亿元，建了"法显传"馆群，这些馆是法显西行求法所去过的国家，有中国馆、巴基斯坦馆、阿富汗馆、印度馆、尼泊尔馆、孟加拉馆、斯里兰卡馆、墨西哥馆。各个馆内图文并茂，展现了这些国家的风土人情。作为丝绸之路的拓荒者，法显在传递文明的道路上搭建起了一座中外沟通的桥梁。法显为古代中国与古代印度、阿富汗、斯里兰卡、尼泊尔、巴基斯坦、印度尼西亚等国在内的中亚、南亚及东南亚的陆上和海上的交通往来和文化交流都起到了积极的推动作用。循着他的足迹，我们可以看到佛教、祆教、景教、摩尼教及伊斯兰教等文化不断传入中国，可以看到佛教文化与世界文化的融合，更可以看到中国与中亚、西亚、北非、欧洲之间的经贸交流和互联互通。

法显广场铜浮雕

潮海院

文明交流互鉴的典范

白居易曾说："所以表不忘初心，而必果本愿也。" 这句话的意思是说，时时不忘记最初的心志，最终一定能实现其本来的愿望。法显一路西行，渡海东归，虽九死一生而在所不辞，正是由于他不忘弥补中土"律藏残缺"的初心，牢记西行求法的使命。法显西行本是与他人结伴同行，《法显传》记载，与法显同行者共有9人，其中慧景、道整、慧应、慧嵬4人与法显同从长安出发，而智严、慧简、僧绍、宝云、僧景5人是与法显一行在张掖相遇后同行的。以上9位同行僧人或中途而返，或半路病亡，或留恋西域佛国而不归，唯独法显志行坚定、愿力宏大，"欲令戒律流通汉地"。法显不忘初心，牢记使命，将佛法带回中土，架起文明交流的桥梁。

2014年9月24日，习近平主席在人民大会堂出席纪念孔子诞辰2565周年国际学术研讨会暨国际儒学联合会第五届会员大会开幕会并发表重要讲话，着重指出："丝绸之路的开辟，遣隋遣唐使大批来华，法显、玄奘西行取经，郑和七下远洋等等，都是中外文明交流互鉴的生动事例。"2015年4月21日，习近平主席在巴基斯坦议会发表题为"构建中

巴命运共同体 开辟合作共赢新征程"的重要演讲，又一次强调："早在2000多年前，丝绸之路就在我们两个古老文明国度之间架起了友谊的桥梁。中国汉代使节张骞、东晋高僧法显、唐代高僧玄奘的足迹都曾经到过这里。"

不忘本来才能开辟未来，善于继承才能更好创新。法显在严格按照佛经原意进行译经的同时，还融入了自己的理解。新生的概念往往是在旧理论的缝隙中生长的，外来的学说常常需要与本土相对接。他并不拘泥于一字不差地把经律翻译过来，而是把外来佛教与中国传统文化紧密结合，为中国佛教的发展打下坚实的理论基础，为佛教与中国传统儒、道文化的紧密结合开辟了新道路，这不能不说是一种包容创新精神的体现。中华民族是一个兼容并蓄、海纳百川的民族，在漫长历史进程中，不断学习他人的好东西，把他人的好东西化成自己的东西，这才形成我们的民族特色。文明因多样而交流，因交流而互鉴，因互鉴而发展。对各国人民创造的优秀文明成果，应该学习借鉴，积极吸纳其中的有益成分。要坚持从本国本民族实际出发，坚持取长补短、择善而从，在不断汲取各种文明养分中丰富和发展中华文化。在全球化时代的今天，我们处理传统文化与外来文化关系时，应该怀着包容开放、兼收并蓄的态度。既不能因循守旧、闭门造车，认为自己的文化高人一等，对他国文化妄加揣测；也不能丧失立场、崇洋媚外，认为传统文化一文不值，希望全盘西化。

丝绸之路是文明交流的"航道"，而法显便是航行在文明长河中的片帆。文明只有姹紫嫣红之别，但绝无高低优劣之分。法显大师明白文明需要交流，甘愿做文明交往的信使。在全球化时代的今天，正确对待和处理不同国家和地区之间的文化交流，也是我们弘扬法显精神的体现。今天我们深化改革开放，大力推进"一带一路"倡议，更需要拥有博大的胸怀和与人为善的态度。

法显，一个甘于寂寞的行脚僧，一位杰出的佛教革新人物，靠着心中虔诚的信仰舍身求法，他精彩的一生让世人永远铭记。法流华夏，自法显始。他在中国佛教史、中外文化交流史上占有重要地位，其精神更是激励着古人、感召着今人。

主要参考文献

1. 古籍

（北宋）司马光编著：《资治通鉴》，北京：中华书局，1956年。

（东汉）班固撰：《汉书》，北京：中华书局，1962年。

（西晋）陈寿撰：《三国志》，北京：中华书局，1964年。

（南朝宋）范晔撰：《后汉书》，北京：中华书局，1973年。

（唐）魏徵等撰：《隋书》，北京：中华书局，1973年。

（北齐）魏收撰：《魏书》，北京：中华书局，1974年。

（后晋）刘昫等撰：《旧唐书》，北京：中华书局，1975年。

（北宋）欧阳修、宋祁等撰：《新唐书》，北京：中华书局，1975年。

（北魏）杨衒之撰，范祥雍校注：《洛阳伽蓝记》，上海：上海古籍出版社，1978年。

（唐）李吉甫撰，贺次君点校：《元和郡县图志》，北京：中华书局，1983年。

（唐）义净著，王邦维校注：《大唐西域求法高僧传校注》，北京：中华书局，1988年。

（南朝梁）释慧皎撰，汤用彤校注，汤一玄整理：《高僧传》，北京：中华书局，1992年。

（南朝梁）释僧祐撰，苏晋仁、萧炼子点校：《出三藏记集》，北京：中华书局，1995年。

（唐）玄奘、辩机著，季羡林等校注：《大唐西域记校注》，北京：中华书局，2000年。

（北魏）郦道元著，陈桥驿校证：《水经注》，北京：中华书局，2007年。

（东晋）法显撰，章巽校注：《法显传校注》，北京：中华书局，2008年。

（西汉）司马迁：《史记》，北京：中华书局，2013年。

2.著作

林梅村：《沙海古卷——中国所出佉卢文书初集》，北京：文物出版社，1988年。

孙光圻：《中国古代航海史》，北京：海洋出版社，1989年。

李庆云、唐立贵：《河西风物诗选》，兰州：甘肃人民出版社，1989年。

吴玉贵释译：《〈佛国记〉释译》，高雄：佛光出版社，1996年。

[德]勒柯克著，陈海涛译：《新疆的地下文化宝藏》，乌鲁木齐：新疆人民出版社，1999年。

胡文康、王炳华：《罗布泊：一个正在解开的谜》，乌鲁木齐：新疆人民出版社，2000年。

王素：《高昌史稿（交通编）》，北京：文物出版社，2000年。

晁华山：《佛陀之光——印度与中亚佛教胜迹》，北京：文物出版社，2001年。

贾应逸，祁小山：《印度到中国新疆的佛教艺术》，兰州：甘肃教育出版社，2002年。

余太山主编：《西域通史》，郑州：中州古籍出版社，2003年。

王仲荦：《魏晋南北朝史》，上海：上海人民出社，2003年。

《使馆商社贸易快讯》杂志社编辑：《走进斯里兰卡》，北京：世界画报出版社，2007年。

林梅村：《寻找楼兰王国》，北京：北京大学出版社，2009年。

[英]斯坦因著，巫新华等译：《古代和田——中国新疆考古发掘的详细报告》，济南：山东人民出版社，2009年。

赖永海主编：《中国佛教通史》第一卷，南京：江苏人民出版社，2010年。

王镛：《印度美术》，北京：中国人民大学出版社，2010年。

谢彬著，杨镰、张颐青整理：《新疆游记》，乌鲁木齐：新疆人民出版社，2010年。

[瑞典]斯文·赫定著，孙仲宽译，杨镰整理：《我的探险生涯》，乌鲁木齐：新疆人民出版社，2010年。

杨曾文、温金玉、杨兵主编：《东晋求法高僧法显和〈佛国记〉》，北京：宗教文化出版社，2010年。

新疆维吾尔自治区文物局编：《新疆古城遗址》，北京：科学出版社，2011年。

王炳华：《悬念楼兰——精绝》，杭州：浙江文艺出版社，2012年。

王炳华：《西域考古文存》，兰州：兰州大学出版社，2012年。

[英]斯坦因著，向达译：《西域考古记》，北京：商务印书馆，2013年。

[法]于格夫妇著，耿昇译：《海市蜃楼中的帝国——丝绸之路上的人，神与神话》，北京：中国藏学出版社，2013年。

[日]足立喜六著，何建民、张小柳译：《〈法显传〉考证》，贵阳：贵州大学出版社，2014年。

孟凡人：《丝绸之路史话》，北京：社会科学文献出版社，2014年。

上海博物馆编：《于阗六篇——丝绸之路上的考古学案例》，北京：北京大学出版社，2014年。

[美]芮乐伟·韩森著，张湛译：《丝绸之路新史》，北京：北京联合出版公司，2015年。

魏道儒主编：《世界佛教通史》第十二卷，北京：中国社会科学出版社，2015年。

乔志霞：《中国古代航海》，北京：中国商业出版社，2015年。

章巽著，芮传明编：《〈法显传〉校注 我国古代的海上交通》，上海：复旦大学出版社，2015年。

汤用彤：《汉魏两晋南北朝佛教史》，北京：中华书局，2016年。

曹杰：《法显传》，太原：北岳文艺出版社，2016年。

联合国教育、科学及文化组织编著，钟娜等译：《世界遗产大全》（第二版），合肥：安徽科学技术出版社，2016年。

方希孟等：《西征续录》，北京：中国国际广播出版社，2016年。

江勤政：《中国和斯里兰卡的故事》，北京：五洲传媒出版社，2017年。

228

[日]平川彰著，庄昆木译：《印度佛教史》，北京：北京联合出版公司，2018年。

张安福：《环塔里木历史文化资源调查与研究》，上海：上海人民出版社，2018年。

孙英刚、何平：《犍陀罗文明史》，北京：生活•读书•新知三联书店，2018年。

陶红亮主编：《印象科伦坡》，北京：海洋出版社，2018年。

3.研究论文

陈世良：《魏晋时代的鄯善佛教》，《世界宗教研究》1982年第3期。

刘进宝：《法显西行述论》，《社会科学》1987年第5期。

孟凡人：《于阗国都城方位考》，载马大正等主编：《西域考察与研究》，乌鲁木齐：新疆人民出版社，1994年。

余太山：《两汉魏晋南北朝时期西域的绿洲大国称霸现象》，《西北史地》1995年第4期。

姜瑜：《印度佛教遗迹考查》，《南京艺术学院学报》1998年第3期。

季羡林：《佛教传入龟兹和焉耆的道路和时间》，《社会科学战线》2001年第2期。

薛克翘：《关于〈法显传〉的印地文和尼泊尔文译本》，《南亚研究》2003年第1期。

王邦维：《法显与〈法显传〉：研究史的考察》，《世界宗教研究》2003年第4期。

余太山：《关于法显的入竺求法路线——兼说智猛和昙无竭的入竺行》，《欧亚学刊》第六辑，北京：中华书局，2007年。

谢路军：《论法显在佛教历史上的贡献》，载杨曾文、温金玉、杨兵主编：《东晋求法高僧法显和〈佛国记〉》，北京：宗教文化出版社，2010年。

徐文明：《法显归国后的一段经历》，载杨曾文、温金玉、杨兵主编：《东晋求法高僧法显和〈佛国记〉》，北京：宗教文化出版社，2010年。

郭永琴：《法显与中国古代交通》，《五台山研究》2010年第3期。

思和：《法显〈佛国记〉所载西、北天竺诸国佛教情况考析》，《佛学研究》2011年第1期。

[斯]K.N.O.Dharmadasa：《法显在斯里兰卡》，《佛学研究》2011年第1期。

宋立道：《法显西行求法及其意义》，《佛学研究》2011年第1期。

苏海洋、雍际春、晏波、尤晓妮：《唐蕃古道大震关至鄯城段走向新考》，《青海民族大学学报》2011年第3期。

朱丽双：《敦煌藏文文书P.t.960所记守护于阗之神灵——〈于阗教法史〉译注之三》，《敦煌研究》2011年第4期。

张厚进：《三至五世纪陆路西行求法僧人研究》，兰州大学硕士学位论文，2012年。

杨维中：《从佛寺及其所属高僧看东晋时期建康佛教之兴盛》，《佛学研究》2016年第1期。

王绍东：《论战国秦汉长城与边塞城镇建设及其功能》，《西安财经学院学报》2017年第5期。

后记

　　这本关于法显西行求法的著述，是我和学生们共同完成的。我的研究生和中国古代史的研究生做了初期的资料收集工作，第一章由张弘毅、汪若青收集，第二章由邓雯玥、马聚英收集，第三章由侯晓晨、马聚英、党琳收集，第四章由康婧仪、叶如清收集，第五章由尚倩、汪若青收集，第六章由马聚英收集，第七章由张亦鸣、邓雯玥收集，法显西行路线图由王玉平绘制。此外，路阳、蔡陈哲和李崎凯在文字校对方面亦有贡献。最后，我要感谢张安福教授的统筹安排和出版社老师的认真审稿。

　　该著述从资料收集到最后成稿，虽然经历了不少时间，做了大量工作，但是粗疏之处还有不少，请各位方家指正。

陈大为

2019年12月